Conoce todo sobre C# básico

Conoce todo sobre C# básico

Carmen Fernández

STARBOOK

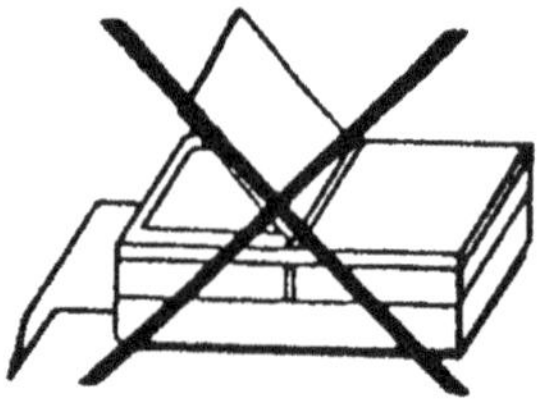

La ley prohíbe
fotocopiar este libro

Editado por:
StarBook Editorial
Madrid, España

Colección American Book Group - Informática y Computación - Volumen 62.
ISBN No. 978-168-165-773-8
Biblioteca del Congreso de los Estados Unidos de América: Número de control 2019934908
www.americanbookgroup.com/publishing.php

Autoedición: Carmen Fernández
Arte: Macrovector / Freepik

A mi familia.

CONTENIDO

INTRODUCCIÓN

C#, pronunciado *C Sharp*, es actualmente uno de los lenguajes de programación más populares en Internet. Pero, además, está disponible para el desarrollo de programas de propósito general. La idea fundamental de esta obra es dar a conocer estas facetas del lenguaje C#, sin olvidar que tiene un alcance completo sobre la *Web*.

C#, como muchos lenguajes, permite trabajar con todo tipo de datos, crear estructuras de datos, trabajar con ficheros, diseñar interfaces gráficas de usuario, etc. Más aún, C# es un lenguaje simple, potente y orientado a objetos. Su sintaxis incita al programador a generar programas modulares y fácilmente mantenibles.

Este libro se ha escrito con la intención de que un principiante pueda aprender de una forma sencilla a programar con el lenguaje C#, utilizando la potencia de la biblioteca Microsoft .NET. Los diez capítulos en que se ha estructurado el libro han sido expuestos precisamente pensando en lo dicho antes. Van presentando el lenguaje de una forma natural, empezando por lo más sencillo, exponiendo cada tema a su tiempo. En definitiva, el libro presenta una metodología para aprender poco a poco sin apenas encontrar dificultades. Todos los capítulos van documentados con varios ejemplos resueltos que le ayudarán a completar su formación.

Cuando finalice con este libro, no habrá hecho más que introducirse en el desarrollo de aplicaciones con interfaz gráfica, esto es, en el desarrollo de aplicaciones para Windows. Si quiere seguir profundizando en estos temas y ver otros muchos nuevos, puede echar una ojeada a la bibliografía indicada a continuación, utilizada para confeccionar este libro.

BIBLIOGRAFÍA

Microsoft C#. Curso de programación.
Autor: Fco. Javier Ceballos Sierra (http://www.fjceballos.es/)
Editorial: RA-MA (http://www.ra-ma.es/)
Alfaomega (http://alfaomega.internetworks.com.mx/)

Enciclopedia de Microsoft Visual C#
Autor: Fco. Javier Ceballos Sierra (http://www.fjceballos.es/)
Editorial: RA-MA (http://www.ra-ma.es/)
Alfaomega (http://alfaomega.internetworks.com.mx/)

AGRADECIMIENTOS

Quiero expresar mi agradecimiento a Microsoft y a los creadores de SharpDevelop por poner a mi disposición, en particular, y de todos los lectores, en general, el SDK y los entornos de desarrollo integrados que el estudio de esta obra requiere.

Capítulo 1

ESCRIBIR UN PROGRAMA

En este capítulo aprenderá lo que es un programa, cómo escribirlo utilizando el lenguaje *C#* (*C Sharp*: C bien definido) y qué hacer para que el ordenador lo ejecute y muestre los resultados perseguidos.

1.1 QUÉ ES UN PROGRAMA

Probablemente alguna vez haya utilizado un ordenador para escribir un documento o para divertirse con algún juego. Recuerde que en el caso de escribir un documento, primero tuvo que poner en marcha un procesador de textos, y que si quiso divertirse con un juego, lo primero que tuvo que hacer fue poner en marcha el juego. Tanto el procesador de textos como el juego son *programas* de ordenador.

Poner un programa en marcha es sinónimo de ejecutarlo. Cuando ejecutamos un programa, nosotros sólo vemos los resultados que produce (el procesador de textos muestra sobre la pantalla el texto que escribimos; el juego visualiza sobre la pantalla las imágenes que se van sucediendo) pero no vemos el guión seguido por el ordenador para conseguir esos resultados. Ese guión es el programa.

Ahora, si nosotros escribimos un programa, entonces sí que sabemos cómo trabaja y por qué trabaja de esa forma. Esto es una manera muy diferente y curiosa de ver un programa de ordenador, lo cual no tiene nada que ver con la experiencia adquirida en la ejecución de distintos programas.

Ahora, piense en un juego cualquiera. La pregunta es: ¿qué hacemos si queremos enseñar a otra persona a jugar? Lógicamente le explicamos lo que debe hacer, esto es, los pasos que tiene que seguir. Dicho de otra forma, le damos instrucciones de cómo debe actuar. Esto es lo que hace un programa de ordenador. Un *programa* no es nada más que una serie de instrucciones dadas al ordenador en un lenguaje entendido por él, para decirle exactamente lo que queremos que haga. Si el ordenador no entiende alguna instrucción, lo comunicará generalmente mediante mensajes visualizados en la pantalla.

1.2 REALIZAR UN PROGRAMA

En este apartado se van a exponer los pasos a seguir en la realización de un programa, por medio de un ejemplo.

La siguiente figura muestra de forma esquemática lo que un usuario de C# necesita y debe hacer para desarrollar un programa.

1. Editar el programa
2. Compilarlo
3. Ejecutarlo
4. Depurarlo

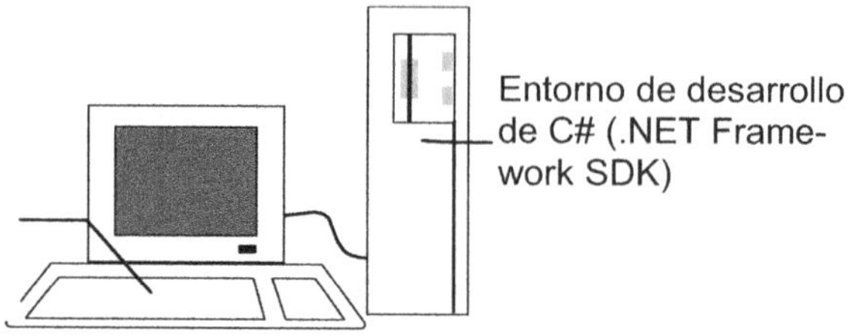

Evidentemente, para poder escribir programas con C#, se necesita un entorno de desarrollo.

Entornos de desarrollo integrados (EDI) para C# hay varios. Por ejemplo: *Microsoft C# Express Edition* o *SharpDevelop* que puede descargar de Internet desde las direcciones:

http://www.microsoft.com/
http://www.icsharpcode.net/OpenSource/SD/Download

Ambos EDI funcionan de forma muy parecida. Para realizar los ejemplos de este libro vamos a elegir *SharpDevelop 2.2*. Su instalación requiere que tenga instalado previamente *.NET Framework 2.0 SDK* que puede descargar desde la misma página Web de *SharpDevelop*; por lo tanto, si aún no tiene instalado este software, instálelo y después instale *SharpDevelop*; en otro caso, proceda a instalar *SharpDevelop* directamente. En la siguiente figura se puede observar el aspecto de este entorno de desarrollo integrado:

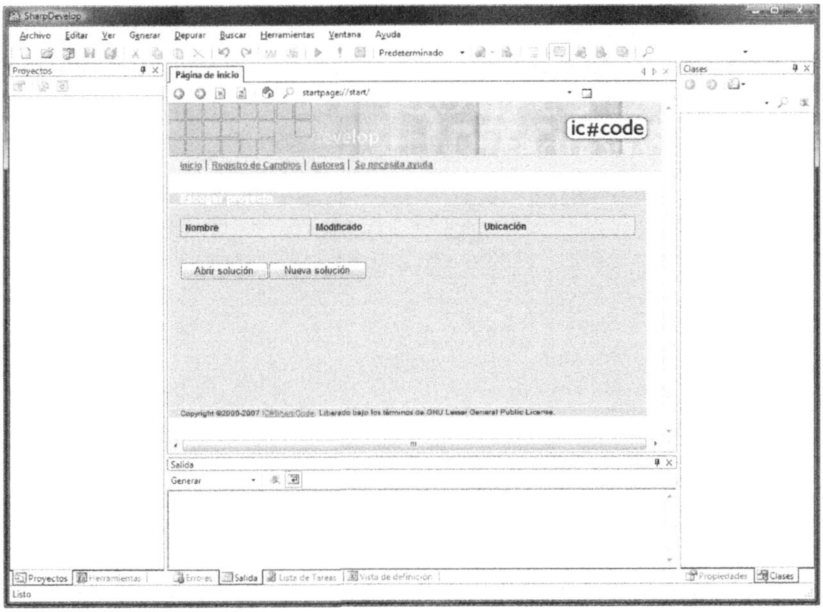

Empecemos con la creación de un programa sencillo: el clásico ejemplo de mostrar un mensaje de saludo.

Este sencillo programa lo realizaremos desde dos puntos de vista: mediante una aplicación de consola y mediante una aplicación que muestre una interfaz gráfica; este último tema lo veremos en el capítulo 2.

1.2.1 Aplicación de consola

Para editar y ejecutar el programa indicado anteriormente, que denominaremos *HolaMundo*, utilizando una aplicación de consola, los pasos a seguir se indican a continuación:

1. Suponiendo que ya está visualizado el entorno de desarrollo, añadimos un nuevo proyecto C# (*Archivo*, *Nuevo*, *Solución*). Después elegimos la

categoría de proyecto *C# > Aplicaciones de Windows*, la plantilla *Aplicación de Consola*, especificamos su nombre y localización y hacemos clic en el botón *Crear*. Observe que el proyecto se creará en una carpeta con el nombre que ya se ha especificado.

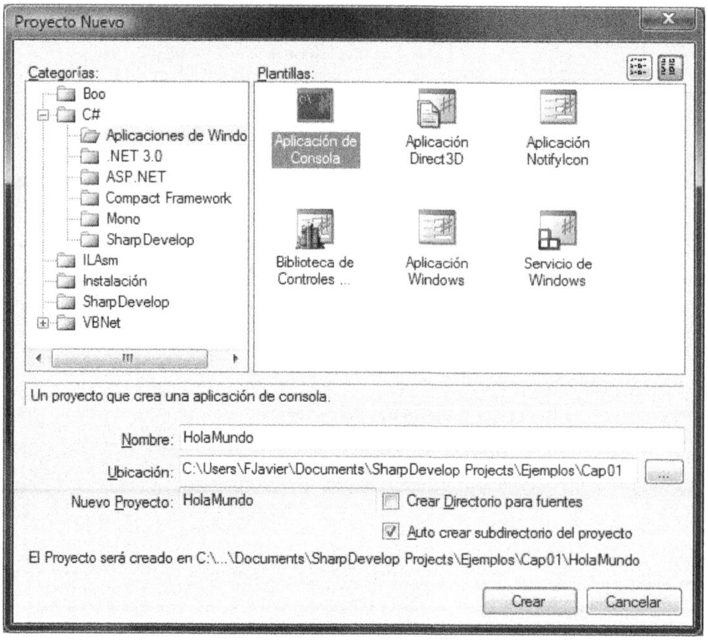

2. A continuación, según se puede observar en la figura siguiente, editamos el código que compone el programa y lo guardamos (*Archivo*, *Guardar*). Obsérvese que el código se guarda en el fichero *Program.cs*. El nombre del fichero puede ser cualquiera (de forma predeterminada es *Program*) pero la extensión tiene que ser *cs*.

3. El siguiente paso es *compilar* el programa, esto es, traducir el programa fuente a código ejecutable. Para compilar el programa, ejecutamos la orden *Generar HolaMundo* del menú *Generar*.

4. Finalmente, para ejecutar el programa seleccionamos la orden *Ejecutar* o *Ejecutar sin depurar* del menú *Depurar*. El resultado, mensaje "Hola Mundo!", se mostrará en una ventana de consola.

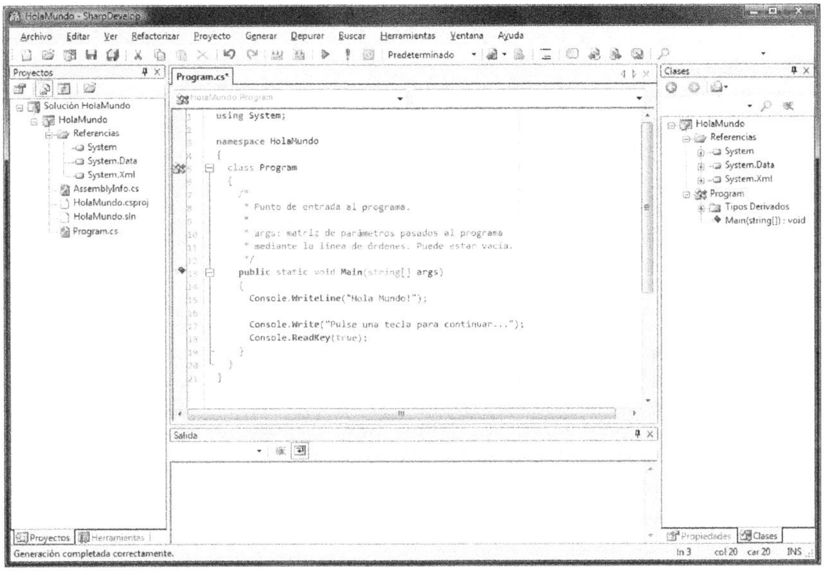

1.2.1.1 ¿QUÉ HACE ESTE PROGRAMA?

Comentamos brevemente cada línea del programa anterior. No pasa nada si algunos de los términos no quedan muy claros ya que todos ellos se verán con detalle en capítulos posteriores.

La línea precedida por **class** define la clase *Program* en el espacio de nombres *HolaMundo*, porque el esqueleto de cualquier programa de consola C# se basa en la definición de una clase (más adelante estudiaremos el concepto de clase). A continuación se escribe el cuerpo de la clase encerrado entre las llaves, **{** y **}**, las cuales definen el bloque de código en el que se escriben las acciones a llevar a cabo por el programa C#. Las clases son la base de los programas C#. Aprenderemos más sobre ellas en los próximos capítulos.

Las siguientes líneas encerradas entre /* y */ son simplemente un comentario. Los comentarios no son tenidos en cuenta por el compilador, pero ayudan a entender un programa cuando se lee.

A continuación se escribe el método principal **Main**. Observe que un método se distingue por el modificador () que aparece después de su nombre y que el bloque de código correspondiente al mismo, incluido entre **{** y **}**, define las acciones que tiene que ejecutar dicho método. Cuando se compila un programa, C# espera que haya un método **Main**. Este método define el punto de entrada y de salida del programa.

En el ejemplo se observa que el método **Main** llama para su ejecución al método **WriteLine** de la clase **Console** del espacio de nombres **System** de la biblioteca .NET (obsérvese la primera línea: **using System**; un espacio de nombres agrupa a un conjunto de clases bajo un nombre), que escribe como resultado la expresión que aparece especificada entre comillas. Una secuencia de caracteres entre comillas se denomina *cadena de caracteres*.

Observe también que la sentencia que invoca a **WriteLine** finaliza con un punto y coma, no sucediendo lo mismo con la cabecera de la clase *HolaMundo*, ni tampoco con la cabecera del método **Main** porque la sintaxis para ambas indica que a continuación debe escribirse el bloque de código – { } – que definen. Resumiendo: un programa C# se basa en la definición de una clase, una clase es un tipo de objetos, por lo tanto un programa es un objeto de la clase que lo define, una clase contiene métodos, además de otras definiciones, y un método, a su vez, contiene sentencias y otras definiciones, como veremos más adelante.

1.3 EJEMPLO

Para practicar con un programa más, escriba el siguiente ejemplo que visualiza como resultado la suma, la resta, la multiplicación y la división de dos cantidades enteras.

Abra el EDI, cree un nuevo proyecto C# (*Archivo*, *Nuevo*, *Solución*). Después elija la categoría de proyecto *C#* > *Aplicaciones de Windows*, la plantilla *Aplicación de Consola*, especifique su nombre (por ejemplo *Aritmetica*) y su localización y haga clic en el botón *Crear*. A continuación edite el programa como se muestra a continuación:

```
using System;

namespace Aritmetica
{
  class Program
  {
    public static void Main(string[] args)
    {
      int dato1, dato2, resultado;
```

```
        dato1 = 20;
        dato2 = 10;

        // Suma
        resultado = dato1 + dato2;
        Console.WriteLine("{0} + {1} = {2}",
                          dato1, dato2, resultado);
        // Resta
        resultado = dato1 - dato2;
        Console.WriteLine("{0} - {1} = {2}",
                          dato1, dato2, resultado);
        // Producto
        resultado = dato1 * dato2;
        Console.WriteLine("{0} * {1} = {2}",
                          dato1, dato2, resultado);
        // Cociente
        resultado = dato1 / dato2;
        Console.WriteLine("{0} / {1} = {2}",
                          dato1, dato2, resultado);

        Console.Write("Pulse una tecla para continuar...");
        Console.ReadKey(true);
      }
    }
  }
```

Una vez editado el programa, guárdelo, compílelo y ejecútelo.

Observe las dos últimas sentencias "Console...". ¿Para qué sirven? Permiten hacer una pausa antes de que la ventana de consola se cierre.

¿Qué hace este programa? Fijándonos en el método principal, **Main**, vemos que se han declarado tres variables enteras (de tipo **int**): *dato1, dato2* y *resultado*.

```
int dato1, dato2, resultado;
```

El siguiente paso asigna el valor 20 a la variable *dato1* y el valor 10 a la variable *dato2*.

```
dato1 = 20;
dato2 = 10;
```

A continuación se realiza la suma de esos valores y se escriben los datos y el resultado.

```
resultado = dato1 + dato2;
Console.WriteLine("{0} + {1} = {2}",
                  dato1, dato2, resultado);
```

Obsérvese que una sentencia puede ocupar más de una línea física.

El método **WriteLine** escribe un resultado de la forma:

```
20 + 10 = 30
```

Observe que la expresión resultante está formada por cinco elementos: *dato1*, *" + "*, *dato2*, *" = "* y *resultado*; unos elementos son numéricos y otros son constantes de caracteres. Esto se ha especificado mediante el formato *{0} + {1} = {2}*; una especificación de la forma *{número}* indica que se ha de mostrar el valor del argumento que está en la posición *número* (en el ejemplo, *dato1* es el argumento que está en la posición *0*, *dato2* está en la *1* y *resultado* en la 2); cualquier otro carácter entre las comillas dobles, aparte de las especificaciones, se mostrará tal cual (en el ejemplo, los espacios en blanco, el + y el =).

Un proceso similar se sigue para calcular la diferencia, el producto y el cociente.

Capítulo 2

INTERFACES GRÁFICAS

Una de las grandes ventajas de trabajar con Windows es que todas las ventanas se comportan de la misma forma y todas las aplicaciones utilizan los mismos métodos básicos (menús desplegables, botones) para introducir órdenes.

Una ventana típica de Windows tiene las siguientes partes:

1. Barra de menús.
2. Icono de la aplicación y menú de control.
3. Barra de título.
4. Botón para minimizar la ventana.
5. Botón para maximizar la ventana.
6. Botón para cerrar la ventana.
7. Barra de desplazamiento vertical.
8. Marco de la ventana.
9. Barra de desplazamiento horizontal.
10. Área de trabajo.

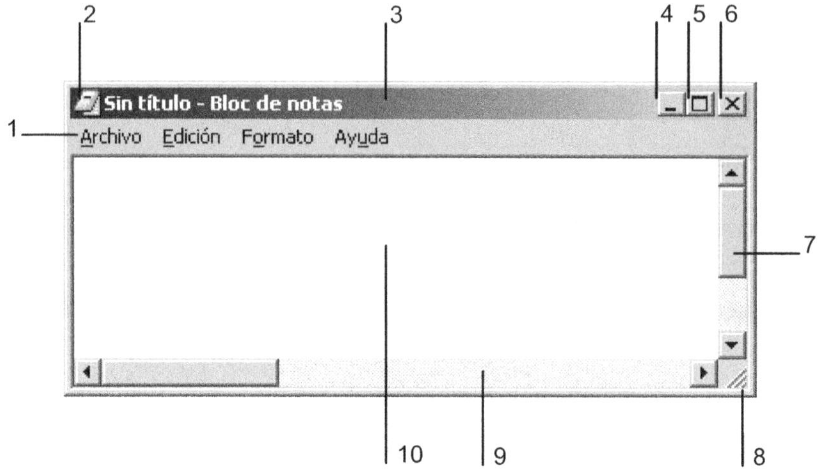

Un objeto en general puede ser movido a otro lugar haciendo clic sobre él y arrastrándolo manteniendo pulsado el botón izquierdo del ratón.

2.1 PROGRAMANDO EN WINDOWS

Una aplicación para Windows diseñada para interaccionar con el usuario presentará una interfaz gráfica mostrando todas las opciones que el usuario puede realizar. Dicha interfaz se basa fundamentalmente en dos tipos de objetos: ventanas (también llamadas formularios) y controles (botones, cajas de texto, menús, listas, etc.). Por lo tanto, el diseño consistirá en crear objetos que den lugar a ventanas y sobre esas ventanas se dibujarán otros objetos llamados controles. Cada objeto estará ligado a un código que permanecerá inactivo hasta que se produzca el evento que lo active.

Esto quiere decir que una aplicación en Windows presentará todas las opciones posibles en uno o más formularios, para que el usuario elija una de ellas. Por ejemplo, en la figura siguiente, cuando el usuario haga clic sobre el botón *Haga clic aquí*, en la caja de texto aparecerá el mensaje *Hola mundo!*

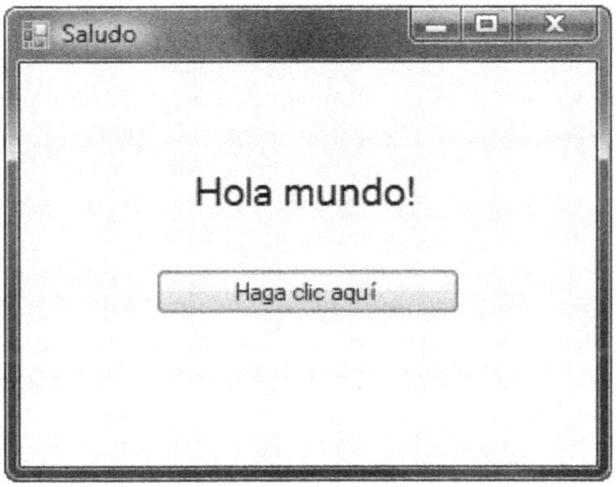

Por lo tanto, para programar una aplicación Windows hay que escribir código separado para cada objeto en general, quedando la aplicación dividida en pequeños procedimientos o métodos conducidos por eventos. Por ejemplo:

```
void BtSaludoClick(object sender, EventArgs e)
{
    etSaludo.Text = "Hola Mundo!";
}
```

El método *BtSaludoClick* será puesto en ejecución en respuesta al evento **Click** del objeto identificado por *btSaludo* (botón titulado "Haga clic aquí"). Quiere esto decir que cuando el usuario haga clic en el objeto *btSaludo* se ejecutará el método *BtSaludoClick*. Esto lo verá con detalle un poco más adelante. Por esto, esta forma de programar se denomina programación conducida por eventos y orientada a objetos.

Los *eventos* son mecanismos mediante los cuales los objetos (ventanas o controles) pueden notificar de la ocurrencia de sucesos. Un evento puede ser causado por una acción del usuario (por ejemplo, cuando pulsa una tecla), por el sistema (por ejemplo, transcurrió un determinado tiempo) o indirectamente por el código (por ejemplo, cuando el código carga una ventana). En Windows, cada ventana y cada control pueden responder a un conjunto de eventos predefinidos. Cuando ocurre uno de estos eventos, la aplicación Windows ejecutará el método que tiene para responder a ese evento.

2.2 APLICACIÓN WINDOWS

Un EDI (Entorno de Desarrollo Integrado) como *SharpDevelop* o *Microsoft C# Express Edition* permite diseñar la interfaz gráfica de una aplicación de manera visual, sin más que arrastrar con el ratón los controles que necesitemos sobre la ventana destino de los mismos. Unas líneas guía o una rejilla mostradas sobre la ventana nos ayudarán a colocar estos controles y a darles el tamaño adecuado, y una página de propiedades nos ayudará a modificar los valores de las propiedades de cada uno de los controles. Todo lo expuesto lo realizaremos sin tener que escribir ni una sola línea de código. Después, un editor de código inteligente nos ayudará a escribir el código necesario y detectará los errores sintácticos que introduzcamos.

En el capítulo 1 ya explicamos cómo construir una aplicación de consola con este entorno de desarrollo. Ahora aprenderemos a desarrollar aplicaciones con interfaz gráfica. Como ejemplo, vamos a realizar la aplicación Windows *HolaMundo*, que escribimos anteriormente. Su aspecto será el que aparecía en la figura anterior: una ventana que incluye una etiqueta para mostrar el mensaje "Hola mundo!" y un botón para emitir la orden de mostrar ese mensaje.

¿Cuáles son los pasos para desarrollar una aplicación Windows?

1. Cree un nuevo proyecto (una nueva solución). El EDI mostrará una página de diseño con un formulario vacío por omisión.
2. Dibuje los controles sobre el formulario. Los controles serán tomados de una caja de herramientas.
3. Defina las propiedades del formulario y de los controles.
4. Escriba el código para controlar los eventos que consideremos de cada uno de los objetos.
5. Guarde, compile y ejecute la aplicación.

2.2.1 Crear un nuevo proyecto

Suponiendo que ya está visualizado el entorno de desarrollo, añadimos un nuevo proyecto C# (*Archivo*, *Nuevo*, *Solución*). Después elegimos la categoría de proyecto *C# > Aplicaciones de Windows*, la plantilla *Aplicación Windows*, especificamos su nombre y localización y hacemos clic en el botón *Crear*. Observe que el proyecto se creará en una carpeta con el nombre que ya se ha especificado.

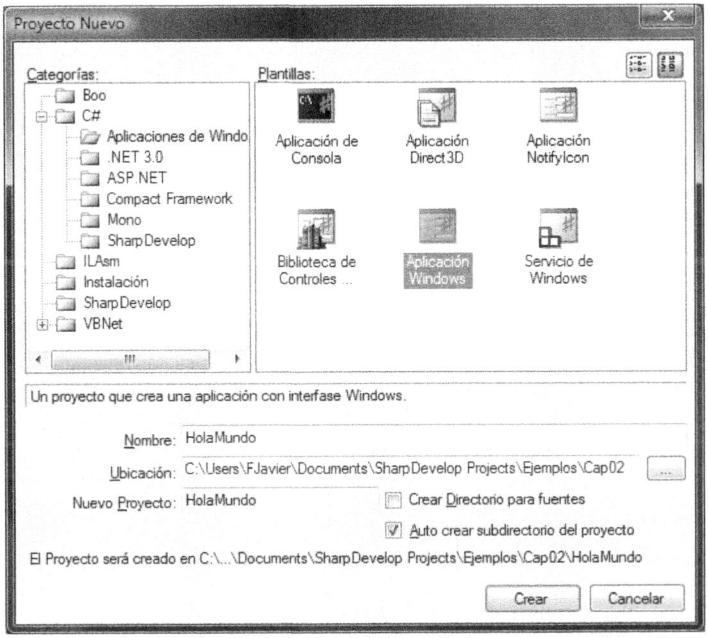

Después de crear una nueva aplicación Windows, el entorno de desarrollo mostrará un formulario, *HolaMundo*, en el diseñador. Observe en la figura siguiente que debajo del formulario se muestran dos pestañas, *Fuente* y *Diseño*, que le permitirán alternar entre la vista de código fuente y la vista del diseñador gráfico.

A la izquierda, en la figura siguiente, se visualizan otros dos paneles: pestañas *Proyectos* y *Herramientas*. La primera pondrá a nuestra disposición el conjunto de ficheros que forman la aplicación (recibe el nombre de explorador de soluciones) y la segunda, una caja de herramientas con una gran cantidad de controles listos para ser arrastrados sobre el formulario.

Y a la derecha, también en la figura siguiente, se visualizan otros dos paneles: pestañas *Propiedades* y *Clases*, que muestran, respectivamente, las propiedades del objeto seleccionado (ventana o control) y el conjunto de clases que forman la aplicación.

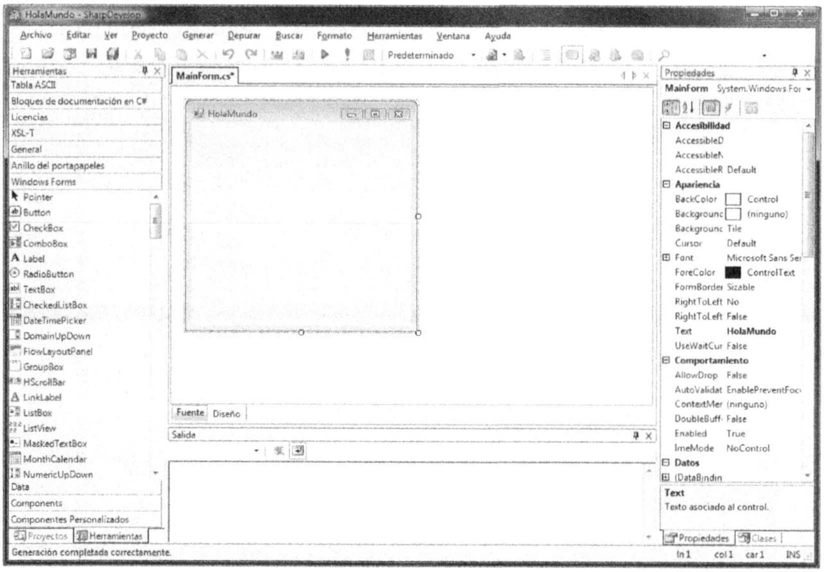

2.2.2 El formulario

El formulario es el plano de fondo para los controles. Después de crear un nuevo proyecto, la página de diseño muestra uno como el de la figura siguiente. Se trata del aspecto gráfico de un objeto de la clase *MainForm* derivada de **Form**. Para modificar su tamaño ponga el cursor del ratón sobre alguno de los cuadrados que le rodean y arrastre en el sentido deseado.

Si ahora ejecutamos este programa, para lo cual podemos elegir la orden *Iniciar sin depurar* del menú *Depurar*, o bien pulsar las teclas *Ctrl+F5*, aparecerá sobre la pantalla la ventana, con el tamaño asignado, y podremos actuar sobre cualquiera de sus controles o bien sobre las órdenes del menú de control, para minimizarla, maximizarla, moverla, ajustar su tamaño, etc. Ésta es la parte que el diseñador de C# realiza por nosotros y para nosotros; pruébelo. Finalmente, para cerrar la ejecución de la aplicación disponemos de varias posibilidades:

1. Hacer clic en el botón  que cierra la ventana.

2. Hacer un doble clic en el icono situado a la izquierda en la barra de título de la ventana.
3. Activar el menú de control de la ventana *HolaMundo* y ejecutar *Cerrar*.
4. Pulsar las teclas *Alt* + *F4*.

2.2.3 Dibujar los controles

En C# disponemos fundamentalmente de dos tipos de objetos: *ventanas* y *controles*. Las ventanas son los objetos sobre los que se dibujan los controles como cajas de texto, botones o etiquetas, dando lugar a la interfaz gráfica que el usuario tiene que utilizar para comunicarse con la aplicación y que genéricamente denominamos formulario.

Para añadir un control a un formulario, utilizaremos la caja de herramientas que se muestra en la figura siguiente. Cada herramienta de la caja crea un único control. El significado de los controles más comunes se expone a continuación.

Puntero. El puntero no es un control. Se utiliza para seleccionar, mover y ajustar el tamaño de los objetos.

Label. Una *etiqueta* permite mostrar un texto de una o más líneas que no pueda ser modificado por el usuario. Son útiles para dar instrucciones al usuario.

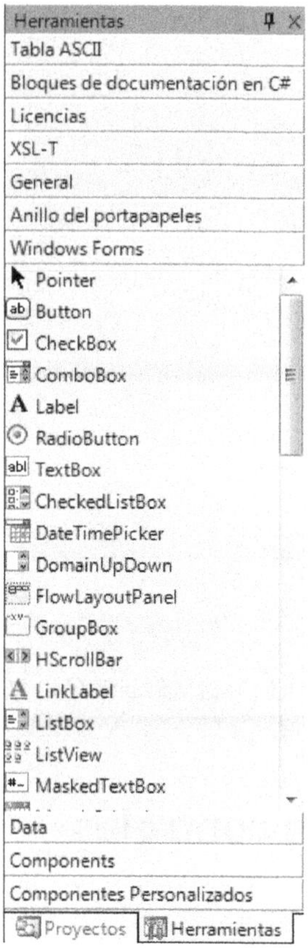

Button. Un *botón de pulsación* lleva asociada una orden (un método). Esta orden se ejecutará cuando el usuario haga clic sobre el botón.

TextBox. Una *caja de texto* es un área dentro del formulario en la que el usuario puede escribir o visualizar texto.

CheckBox. Una *casilla de verificación* se utiliza para seleccionar una opción. Utilizando estos controles se pueden seleccionar varias opciones de un grupo.

RadioButton. El control *botón de opción* se utiliza para seleccionar una opción entre varias.

GroupBox. Un *marco* se utiliza para realzar el aspecto del formulario. También los utilizamos para formar grupos de botones de opción o bien para agrupar controles relacionados entre sí.

ListBox. El control *lista fija* (lista desplegada) contiene una lista de elementos de la que el usuario puede seleccionar uno o varios.

ComboBox. El control *lista desplegable* combina una caja de texto y una lista desplegable. Permite al usuario escribir lo que desea seleccionar o elegir un elemento de la lista.

HScrollBar y *VScrollBar*. La *barra de desplazamiento horizontal* y la *barra de desplazamiento vertical* permiten seleccionar un valor dentro de un rango de valores. Estos controles se utilizan independientemente de otros objetos y no son lo mismo que las barras de desplazamiento de una ventana.

Siguiendo con nuestra aplicación, seleccionamos de la caja de herramientas que acabamos de describir los controles que vamos a utilizar. En primer lugar vamos a añadir al formulario una etiqueta. Para ello, hacemos clic sobre la herramienta etiqueta (*Label*) y, sin soltar el botón del ratón, la arrastramos sobre el formulario. Cuando soltemos el botón del ratón aparecerá una etiqueta de un tamaño predefinido, según se muestra en la figura siguiente:

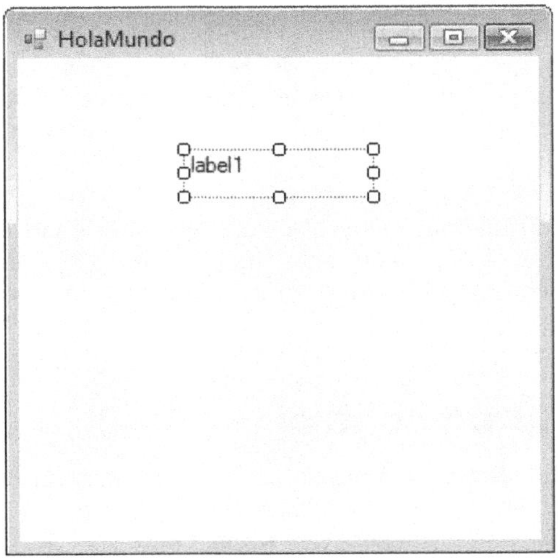

Observe en la página de propiedades del entorno de desarrollo, mostrada en la figura siguiente, la propiedad *Nombre* (**Name**). Tiene asignado el valor *label1* que es el nombre por defecto dado al control caja de texto. Este nombre se utiliza para referirnos a dicho control en el código de la aplicación.

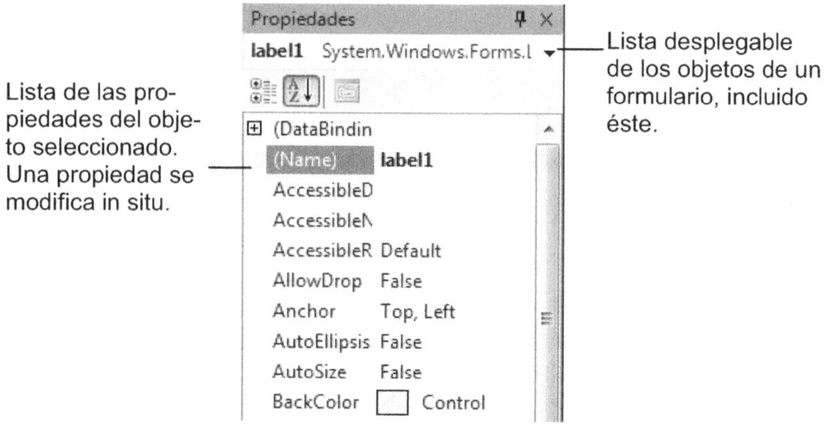

También se observan sobre la etiqueta ocho cuadrados distribuidos a lo largo de su perímetro, que reciben el nombre de *modificadores de tamaño*, los cuales permiten modificar el tamaño de los controles que estamos dibujando. Para modificar el tamaño de un control, primero selecciónelo haciendo clic sobre él, después apunte con el ratón a alguno de los modificadores de tamaño, observe que aparece una doble flecha, y, entonces, con el botón izquierdo del ratón pulsado, arrastre en el sentido que desee ajustar el tamaño.

También puede mover el control a un lugar deseado dentro del formulario. Para mover un control, primero selecciónelo haciendo clic sobre él y después apunte con el ratón a alguna zona perteneciente al mismo y, con el botón izquierdo del ratón pulsado, arrastre hasta situarlo en el lugar deseado.

2.2.4 Borrar un control

Para borrar un control, primero se selecciona haciendo clic sobre él y a continuación se pulsa la tecla *Supr* (*Del*). Para borrar dos o más controles, primero se seleccionan haciendo clic sobre cada uno de ellos al mismo tiempo que se mantiene pulsada la tecla *Ctrl*, y después se pulsa *Supr*.

Se pueden seleccionar también dos o más controles contiguos, pulsando el botón izquierdo y arrastrando el ratón hasta rodearlos.

2.2.5 Propiedades de los objetos

Cada clase de objeto tiene predefinido un conjunto de propiedades, como título, nombre, color, etc. Las propiedades de un objeto representan todos los datos que por definición están asociados con ese objeto.

Cada propiedad de un objeto tiene un valor por defecto que puede ser modificado in situ si se desea. Por ejemplo, la propiedad (**Name**) del formulario del ejemplo que nos ocupa tiene el valor *MainForm*.

Para cambiar el valor de una propiedad de un objeto, siga los pasos indicados a continuación:

1. Seleccione el objeto. Para ello, haga clic sobre el objeto (un control seleccionado aparece rodeado por los modificadores de tamaño).

2. Seleccione en la página de propiedades la propiedad que desea cambiar.

3. Modifique el valor que actualmente tiene la propiedad seleccionada. El valor actual de la propiedad seleccionada aparece escrito a continuación del nombre de la propiedad. Para cambiar este valor, sobrescriba el valor actual o, si es posible, seleccione uno de la lista que se despliega haciendo clic sobre la flecha que aparece a la derecha del valor actual. Para algunas propiedades, esta flecha es sustituida por tres puntos (...). En este caso se visualizará una caja de diálogo.

Se puede también modificar una propiedad durante la ejecución de la aplicación. Esto implica añadir el código necesario en el método que deba realizar la modificación.

Para verificar el valor de una misma propiedad en varios objetos, se selecciona ésta en la página de propiedades para uno de ellos, y a continuación se pasa de un objeto al siguiente haciendo clic con el ratón sobre cada uno de ellos.

Siguiendo con nuestro ejemplo, vamos a cambiar el título del formulario para que muestre *Saludo*. Para ello, seleccione el formulario y a continuación la propiedad **Text** en la página de propiedades. Después, sobrescriba el texto actual con el texto "Saludo".

Veamos ahora las propiedades de la etiqueta. Seleccione la etiqueta y observe la lista de propiedades. Algunas de estas propiedades son **BackColor** (color del fondo de la etiqueta), (**Name**) (identificador de la etiqueta para referirnos a ella en el código) y **Text** (contenido de la etiqueta). Siguiendo los pasos descritos anteriormente, cambie el valor actual de la propiedad (**Name**) al valor *etSaludo*, el valor *label1* de la propiedad **Text** a "etiqueta" y alinee este texto para que se muestre centrado tanto horizontal como verticalmente; esto requiere asignar a la propiedad **TextAlign** el valor *MiddleCenter*. A continuación, vamos a modificar el tipo de la letra de la etiqueta. Para ello, seleccione la propiedad **Font** en la página de propiedades, pulse el botón situado a la derecha del valor actual de la propiedad y elija como tamaño, por ejemplo, 14; las otras características las dejamos como están.

El paso siguiente será añadir un botón. Para ello, hacemos clic sobre la herramienta *Button* de la caja de herramientas y arrastramos el botón sobre el formulario. Movemos el botón y ajustamos su tamaño para conseguir el diseño que observamos en la figura siguiente. Ahora modificamos sus propiedades y asignamos a **Text** (título) el valor *Haga clic aquí*, y a (**Name**), el valor *btSaludo*.

También observamos que al colocar el control aparecen unas líneas indicando la alineación de éste con respecto a otros controles. Es una ayuda para alinear los controles que coloquemos dentro del formulario. Puede elegir entre los modos *Alinear Líneas*, es el modo que estamos utilizando, o *Alinear a la rejilla* (se visualizan los puntos que dibujan la rejilla). Para elegir el modo de ayuda, ejecute *Herramientas > Opciones*, seleccione la opción *Diseñador de Windows Forms*. Para que las opciones elegidas tengan efecto, tiene que cerrar el diseñador y volverlo a abrir.

2.2.6 Escribir los controladores de eventos

Sabemos que el nombre de un objeto, propiedad (**Name**), nos permite referirnos a él dentro del código de la aplicación; por ejemplo, en las líneas de código siguientes, la primera asigna el valor "Hola mundo!" a la propiedad **Text** del objeto *etSaludo* y la siguiente obtiene ese valor y lo almacena en la variable *sTexto*:

```
etSaludo.Text = "Hola mundo!";
string sTexto = etSaludo.Text;
```

En C# la forma general de referirse a una propiedad de un determinado objeto es:

Objeto.Propiedad

donde *Objeto* es el nombre del formulario o control y *Propiedad* es el nombre de la propiedad del objeto cuyo valor queremos asignar u obtener.

Una vez que hemos creado la interfaz o medio de comunicación entre la aplicación y el usuario, tenemos que escribir los métodos para controlar aquellos eventos que necesitemos manipular de cada uno de los objetos.

Hemos dicho que una aplicación en Windows es conducida por *eventos* y *orientada a objetos*. Esto es, cuando sobre un objeto ocurre un suceso (por ejemplo, el usuario hizo clic sobre un botón) se produce un evento (por ejemplo, el evento **Click**); si nosotros deseamos que nuestra aplicación responda a ese evento, tendremos que escribir un método que incluya el código que debe ejecutarse. El método pertenecerá a la interfaz del objeto o del objeto padre. Por ejemplo, el método que responda al evento **Click** de un botón pertenecerá a la interfaz de su ventana padre, esto es, a su contenedor.

¿Dónde podemos ver la lista de los eventos a los que puede responder un objeto de nuestra aplicación? En la ventana de propiedades.

Por ejemplo, seleccione el botón *btSaludo* en la ventana de diseño, vaya a la ventana de propiedades y muestre la lista de eventos para el control seleccionado, haciendo clic en el botón *Eventos*. Haga doble clic en el evento **Click**, o bien escriba manualmente el nombre del controlador y pulse *Entrar*.

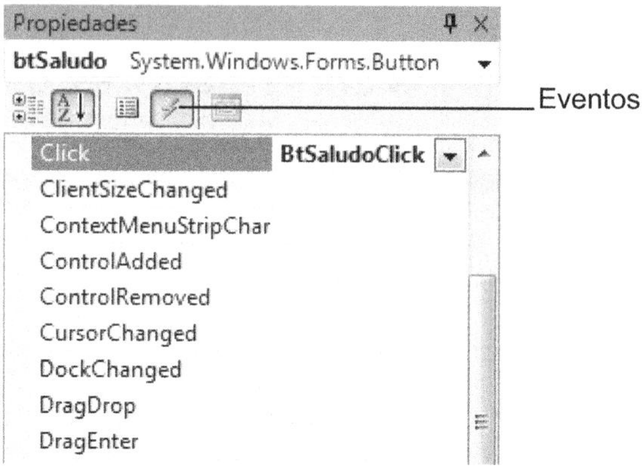

El resultado es que se añade a la clase *MainForm* un manejador para este evento especificado por la línea siguiente (puede verlo en el fichero *MainForm.Designer.cs*):

```
this.btSaludo.Click += new System.EventHandler(this.BtSaludoClick);
```

La interpretación de esta línea de código es: el método *BtSaludoClick* del formulario (`this`: es el formulario actual, *MainForm*) será el manejador (`EventHandler`) para el evento **Click** del botón *btSaludo* (`btSaludo.Click`) de dicho formulario (`this`).

También se añadió el esqueleto del método *BtSaludoClick* (fichero *MainForm.cs*), al que nos hemos referido en el párrafo anterior, que responderá a dicho evento, esto es, que se ejecutará cuando se genere dicho evento:

```
void BtSaludoClick(object sender, EventArgs e)
{
 // Escriba aquí el código que tiene que ejecutarse para
 // responder al evento Click producido por el botón
}
```

Una línea precedida por los caracteres // es un comentario.

El primer parámetro de este método hace referencia al objeto que generó el evento y el segundo contiene información que depende del evento.

Además del evento **Click**, hay otros eventos asociados con un botón de pulsación, según se puede observar en la figura anterior.

Una vez añadido el controlador para el evento **Click** del botón *btSaludo*, ¿cómo lo completamos? Lo que deseábamos era que la etiqueta mostrara el mensaje "Hola mundo!" cuando el usuario hiciera clic en el botón. Según esto, complete este controlador así:

```
void BtSaludoClick(object sender, EventArgs e)
{
    etSaludo.Text = "Hola Mundo!";
}
```

Para añadir el controlador anterior, también podríamos habernos dirigido a la página de diseño y haber hecho doble clic sobre el botón de pulsación.

Un detalle de estilo a la hora de escribir el código. En teoría, tendríamos que anteponer a los nombres de las clases y otras estructuras de datos el nombre del espacio de nombres al que pertenecen. Por ejemplo, las clases (tipos de datos) **Object** y **EventArgs** pertenecen al espacio de nombres **System**:

```
void BtSaludoClick(System.Object sender, System.EventArgs e)
{

}
```

Esto se evita añadiendo al principio del fichero fuente las directrices **using** que especifiquen los espacios de nombres a los que pertenezcan las clases de objetos que vayamos a utilizar en dicho fichero. Por ejemplo:

```
using System;
using System.Windows.Forms;
using System.Drawing;
```

No obstante, esto tampoco sería necesario, porque el EDI hace referencia a estos espacios de nombres a través del nodo *Referencias* que puede ver en el explorador de soluciones según muestra la figura siguiente. Para añadir otras referencias, haga clic con el botón derecho del ratón sobre dicho nodo y seleccione aquellas que desee.

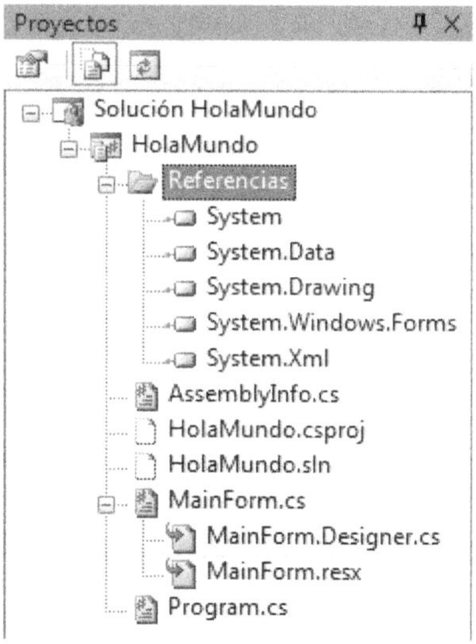

Análogamente a como las carpetas o directorios ayudan a organizar los ficheros en un disco duro, los espacios de nombres organizan las clases en grupos para facilitar el acceso a las mismas y proporcionan una forma de crear tipos globales únicos, evitando conflictos en el caso de clases de igual nombre pero de distintos fabricantes, ya que se diferenciarán en su espacio de nombres.

La aplicación está finalizada. Compílela y ejecútela para ver los resultados.

Capítulo 3

LENGUAJE C#

En los capítulos anteriores hemos adquirido los conocimientos necesarios para poder abordar el desarrollo de aplicaciones bajo C#; esto es, hemos instalado un EDI y hemos construido una aplicación desde dos puntos de vista: utilizando una consola para interactuar con la aplicación o diseñando una interfaz gráfica que facilite esta interacción usuario-aplicación. En este capítulo veremos los elementos que aporta C# para escribir un programa. Considere este capítulo como soporte para el resto de los capítulos, esto es, lo que se va a exponer en él lo irá utilizando en menor o mayor medida en los capítulos sucesivos. Por lo tanto, limítese ahora simplemente a realizar un estudio con el fin de informarse de los elementos con los que contamos.

3.1 TIPOS

¿Recuerda este código correspondiente a uno de los ejemplos que realizamos en el capítulo 1?

```
public static void Main(string[] args)
{
  int dato1, dato2, resultado;

  dato1 = 20;
  dato2 = 10;
```

En dicho código se definen tres variables: *dato1*, *dato2* y *resultado*, y son de tipo **int**, lo que significa que estas variables podrán almacenar valores enteros pertenecientes al intervalo que define este tipo.

Los tipos en C# se clasifican en: tipos *valor* y tipos *referencia*. Una variable de un tipo *valor* almacena directamente un valor (datos en general), mientras que una variable de un tipo *referencia* lo que permite almacenar es una referencia a un objeto (posición de memoria donde está el objeto). Por ejemplo:

```
int dato1 = 0;          // dato1 almacena un entero.
string sTexto = null;   // sTexto permitirá almacenar una
                        // referencia a un objeto String.
```

La tabla siguiente resume los tipos intrínsecos en C#.

Tipo C#	*Bytes*	*Rango de valores*
bool	?	**true** y **false**
byte	1	0 a 255
char	2	0 a 65535 (U+0000 a U+ffff)
DateTime	8	1/Enero/1 a 31/Diciembre/9999 00:00:00 AM a 11:59:59 PM
decimal	16	+/-79228162514264337593543950335 ó +/-7.9228162514264337593543950335E+28
double	8	+/-1.79769313486231570E+308
int	4	-2147483648 a +2147483647
long	8	-9223372036854775808 a +9223372036854775807
object	4	Cualquier tipo puede ser almacenado en una variable de tipo **Object**
sbyte	1	-128 a 127
short	2	-32768 a 32767
float	4	+/-3.4028235E+38
string	?	0 a 2 billones de caracteres UNICODE
uint	4	0 a 4294967295
ulong	8	0 a 18446744073709551615
ushort	2	0 a 65535
Estructuras		Tipos valor definidos por el usuario

(? = depende de la plataforma de desarrollo)

Dentro de los tipos referenciados, destacamos en este capítulo el tipo **string** (alias de **String**) porque nos permite trabajar con cadenas de caracteres. Por ejemplo, la siguiente línea de código asigna al **string** *sTexto* la cadena "abc":

```
sTexto = "abc";
```

3.1.1 Clases

El lenguaje C# es un lenguaje orientado a objetos. La base de la programación orientada a objetos es la *clase*. Una clase es un tipo de objetos definido por el usuario. Por ejemplo, la clase **String** de la biblioteca .NET está definida así:

```
class String
{
  // Atributos
  // Métodos
}
```

Y, ¿cómo se define un objeto de esta clase? Pues, una forma de hacerlo sería así:

```
string sTexto = new String("abc");
```

Suponiendo que la clase **String** tiene un operador de indexación de acceso público, **[*i*]**, que devuelve el carácter que está en la posición *i*, la siguiente sentencia devolverá el carácter que está en la posición 1 (la 'b'):

```
char car = sTexto[1];
```

Una característica muy importante que aporta la programación orientada a objetos es la *herencia* ya que permite la reutilización del código escrito por nosotros o por otros. Por ejemplo, el siguiente código define la clase *MiForm* como una clase derivada (que hereda) de **Form**:

```
class MiForm : Form
{
  // Atributos
  // Métodos
}
```

La clase *MiForm* incluirá los atributos y métodos heredados de **Form** más los atributos y métodos definidos por el usuario en esta clase. Esto significa que un objeto de la clase *MiForm* podrá ser manipulado por los métodos heredados y por los propios.

Tanto las clases (por ejemplo **String**, **Object**, etc.) como las matrices que estudiaremos más adelante son tipos *referencia*.

3.2 LITERALES

Un literal en C# puede ser: un entero, un real, un valor booleano, un carácter, una cadena de caracteres, una fecha y hora y **null**.

- El lenguaje C# permite especificar un literal entero en base 10 y 16. Por ejemplo:

```
256    número decimal 256
0x100  número decimal 256 expresado en hexadecimal
```

- Un literal real está formado por una parte entera, seguida por un punto decimal y una parte fraccionaria. También se permite la notación científica, en cuyo caso se añade al valor una e o E, seguida por un exponente positivo o negativo. Por ejemplo:

```
-17.24
27E-3
```

  Una constante real tiene siempre tipo **double**, a no ser que se añada a la misma una *F*, en cuyo caso será de tipo **float**, o *M*, en cuyo caso es de tipo **decimal**.

- Los literales de un solo carácter son de tipo **char**. Este tipo de literales está formado por un único carácter encerrado entre *comillas simples*. Ejemplo:

```
' '    espacio en blanco
'x'    letra minúscula x
```

- Un literal de cadena de caracteres es una secuencia de caracteres encerrados entre comillas dobles. Las cadenas de caracteres en C# son objetos de la clase **String**. Esto es, cada vez que en un programa se utilice un literal de caracteres, C# crea de forma automática un objeto **String** con el valor del literal.

3.3 IDENTIFICADORES

Los identificadores son nombres dados a tipos, literales, variables, clases, interfaces, métodos, espacios de nombres y sentencias de un programa. La sintaxis para formar un identificador es la siguiente:

{*letra*|_}[{*letra*|*dígito*|_}]...

Los identificadores pueden tener cualquier número de caracteres. Algunos ejemplos son:

```
Suma
Cálculo_Números_Primos
_ordenar
VisualizarDatos
```

3.4 DECLARACIÓN DE CONSTANTES SIMBÓLICAS

Declarar una constante simbólica significa decirle al compilador C# el nombre de la constante y su valor. Esto se hace utilizando el calificador **const**. Si una variable es **const** también es **static** (véase **static** en el siguiente apartado).

const *tipo identificador* = *cte*[, *identificador* = *cte*]...

Un ejemplo puede ser el siguiente:

```
const double pi = 3.1415926;
```

3.5 VARIABLES

Una variable representa un espacio de memoria para almacenar un valor de un determinado tipo. La sintaxis para declarar una variable es la siguiente:

tipo identificador[, identificador]...

El siguiente ejemplo declara tres variables de tipo **short**, una variable de tipo **int** y dos variables de tipo **string**.

```
class CElementosCSharp
{
  short día, mes, año = 2010;

  void Test()
  {
    int contador = 0;
    string Nombre = "", Apellidos = "";
    día = 20;
    Apellidos = "Ceballos";
    // ...
  }
  // ...
}
```

La declaración de una variable puede realizarse en el ámbito de la clase (dentro de la clase pero fuera de todo método), en el ámbito del método o en el ámbito de un bloque cualquiera delimitado por { }.

Toda variable se inicia por omisión por el compilador C# con un valor nulo: las variables numéricas con *0*, los caracteres con '*\0*' y las referencias a las cadenas de caracteres y el resto de las referencias a otros objetos con **null**.

¿Cuál es la vida de una variable? El período de tiempo durante el cual la variable está disponible para usarla. Una variable declarada en un método (por ejemplo *contador*) existe sólo mientras el método se está ejecutando.

¿Cuál es el ámbito de una variable? El bloque de código, entendiendo por bloque de código un conjunto de sentencias delimitadas por { }, desde el cual la variable está accesible sin calificarla; éste queda determinado por dónde esté declarada la variable.

¿Qué código de una aplicación puede acceder a una variable definida en la misma? Está determinado por el ámbito de la variable y por los calificadores **public**, **private**, entre otros, en la declaración de la variable. Por ejemplo:

```
public class CElementosCSharp
{
  public static int v = 16;
  private double p;
  String m;

  public void Test()
  {
    int contador = 0;
    // ...
  }
  // ...
}
```

Un atributo de una clase, esto es, una variable declarada en cualquier parte dentro de la clase siempre que sea fuera de todo método, tiene ámbito de clase. Fuera del ámbito de la clase estará accesible, sólo a través de un objeto de su clase (*objeto.miembro_clase*), para cualquier otra clase si se califica **public** o bien su accesibilidad se limitará al ámbito de la clase si se declara **private** (por omisión es **private**). Si, además, se califica como **static**, sólo existirá una copia de la variable para todos los objetos que se declaren de esa clase; en otro caso, cada objeto incluirá su propia copia de la variable. Para acceder a un atributo **static** fuera de la clase que lo define, sólo si es accesible, hay que utilizar el nombre de la clase. Por ejemplo:

```
CElementosCSharp.v
```

La accesibilidad pública o privada no sólo se puede definir para un atributo de la clase, sino también para un método de la misma. Una clase también puede declararse pública, pero no privada.

En un método (véase *Test* en el ejemplo anterior) no se pueden calificar las variables (esto es, no se puede utilizar **public**, **private** o **static**, entre otras) y su accesibilidad se limita al método. En otras palabras, una variable declarada dentro de un método es una variable local al método; por ejemplo, la variable *contador*. Los parámetros de un método son también variables locales al método. Y una variable declarada dentro de un bloque, por ejemplo un bloque correspondiente a una sentencia compuesta, también es una variable local a ese bloque.

3.6 CONVERSIÓN ENTRE TIPOS

Cuando C# tiene que evaluar una expresión en la que intervienen operandos de diferentes tipos, primero convierte, sólo para realizar las operaciones solicitadas, los valores de los operandos al tipo del operando cuya precisión sea más alta. Cuando se trate de una asignación, convierte el valor de la derecha al tipo de la variable de la izquierda siempre que no haya pérdida de información; en otro caso, C# exige que la conversión se realice explícitamente. La figura siguiente resume los tipos con signo, colocados de izquierda a derecha de menos a más precisos; las flechas indican las conversiones implícitas permitidas:

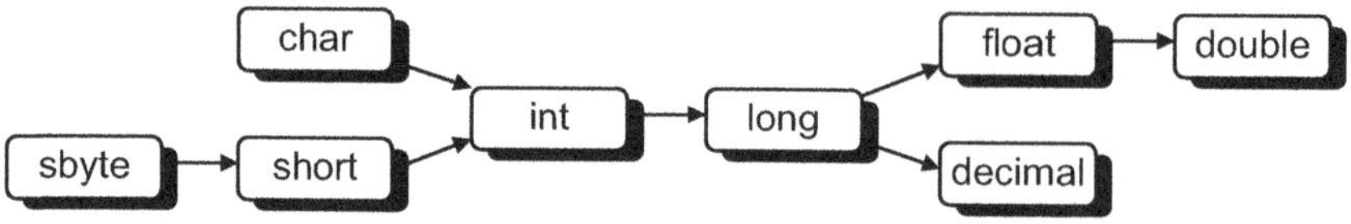


```
// Conversión implícita
sbyte bDato = 1; short sDato = 0; int iDato = 0; long
lDato = 0;
float fDato = 0; double dDato = 0; decimal mDato = 0;
sDato = bDato;
iDato = sDato;
lDato = iDato;
fDato = lDato;
mDato = bDato;
dDato = fDato + lDato - iDato * sDato / bDato;
System.Console.WriteLine(dDato); // resultado: 1
```

C# permite una conversión explícita (conversión forzada) del tipo de una expresión mediante una construcción denominada *cast*, que tiene la forma: (*tipo*) *expresión*. Por ejemplo:

```
// Conversión explícita (cast)
float fDato = 0; double dDato = 2;
fDato = (float)dDato;
```

3.7 OPERADORES

Los operadores son símbolos que indican cómo los datos se manipulan. Se pueden clasificar en los siguientes grupos: aritméticos, relacionales, lógicos, de asignación y de concatenación.

3.7.1 Operadores aritméticos

Operador	Operación
+	*Suma*. Los operandos pueden ser enteros o reales.
–	*Resta*. Los operandos pueden ser enteros o reales.
*	*Multiplicación*. Los operandos pueden ser enteros o reales.
/	*División*. Los operandos pueden ser enteros o reales. Si ambos operandos son enteros el resultado es entero. En el resto de los casos el resultado es real.
%	*Resto de una división*. Los operandos pueden ser enteros o reales. Si ambos operandos son enteros el resto será entero; en otro caso, el resto será real.

Cuando en una operación aritmética los operandos son de diferentes tipos, ambos son convertidos al tipo del operando de precisión más alta. Por ejemplo:

```
double a = 10;
float b = 20F;
int c = 2, r = 0;
r = (int)(7.5 * System.Math.Sqrt(a) - b / c);
```

3.7.2 Operadores de relación

Operador	Operación
<	¿Primer operando *menor que* el segundo?
>	¿Primer operando *mayor que* el segundo?
<=	¿Primer operando *menor o igual que* el segundo?
>=	¿Primer operando *mayor o igual que* el segundo?
!=	¿Primer operando *distinto que* el segundo?
==	¿Primer operando *igual que* el segundo?

3.7.3 Operadores lógicos

El resultado de una operación lógica (AND, OR, XOR y NOT) será un valor booleano verdadero o falso (**true** o **false**) cuando sus operandos sean expresiones que den lugar también a un resultado verdadero o falso. Por lo tanto, las expresiones que dan como resultado valores booleanos (véanse los operadores de relación) pueden combinarse para formar expresiones *booleanas* utilizando los operadores lógicos indicados a continuación.

Operador	Operación
&& o &	*AND*. Da como resultado **true** si al evaluar cada uno de los operandos el resultado es **true**. Si uno de ellos es **false**, el resultado es **false**. Si se utiliza && (no &) y el primer operando es **false**, el segundo operando no es evaluado.
|| o |	*OR*. El resultado es **false** si al evaluar cada uno de los operandos el resultado es **false**. Si uno de ellos es **true**, el resultado es **true**. Si se utiliza || (no |) y el primer operando es **true**, el segundo operando no es evaluado (el carácter | es el Unicode 124).
!	*NOT*. El resultado de aplicar este operador es **false** si al evaluar su operando el resultado es **true**, y **true** en caso contrario.
^	*XOR*. Da como resultado **true** si al evaluar cada uno de los operandos el resultado de uno es **true** y el del otro **false**; en otro caso el resultado es **false**.

El resultado de una operación lógica cuando sus operandos son expresiones que producen un resultado de tipo **bool** es también de tipo **bool**. Por ejemplo:

```
int p = 10, q = 0;
bool r = false;
r = p != 0 && q != 0; // da como resultado false
r = p != 0 || q > 0;  // da como resultado true
r = q < p && p <= 10; // da como resultado true
r = ! r; // si r es true, el resultado es false
```

3.7.4 Operadores de asignación

El resultado de una operación de asignación es el valor almacenado en el operando izquierdo, lógicamente después de que la asignación se ha realizado. El valor que se asigna es convertido implícita o explícitamente al tipo del operando de la izquierda (véase el apartado *Conversión entre tipos*).

Operador	Operación
++	Incremento.
––	Decremento.
=	Asignación simple.
*=	Multiplicación más asignación.
/=	División más asignación.
%=	Módulo más asignación.
+=	Suma más asignación.
–=	Resta más asignación.

Los operandos tienen que ser del mismo tipo o bien el operando de la derecha tiene que poder ser convertido implícitamente al tipo del operando de la izquierda. A continuación se muestran algunos ejemplos con estos operadores.

```
int x = 0, n = 10, i = 1;
n++;          // Incrementa el valor de n en 1.
++n;          // Incrementa el valor de n en 1.
x = ++n;      // Incrementa n en 1 y asigna el
              // resultado a x.
x = n++;      // Equivale a realizar las dos operaciones
              // siguientes en este orden: x = n; n++.
i += 2;       // Realiza la operación i = i + 2.
x *= n - 3;   // Realiza la operación x = x * (n-3) y no
              // x = x * n - 3.
```

3.7.5 Operador de concatenación

El operador de concatenación (+) permite generar una cadena de caracteres a partir de otras dos. La forma de utilizarlo es la siguiente:

var = expresión1 + expresión2

La variable *var* tiene que ser de tipo **String** u **Object** y el tipo de *expresión1* y *expresión2* si no es de tipo **String** es convertido a **String**. Por ejemplo:

```
string s1, s2, s3;
int n = 3;
s2 = "Hola";
```

```
s3 = " amigos";
s1 = n + s3;  // s1 = "3 amigos"
s1 = s2 + s3; // s1 = "Hola amigos"
```

3.8 PRIORIDAD Y ORDEN DE EVALUACIÓN

La tabla que se presenta a continuación resume las reglas de prioridad de todos los operadores. Las líneas se han colocado de mayor a menor prioridad. Los operadores escritos sobre una misma línea tienen la misma prioridad.

Una expresión entre paréntesis siempre se evalúa primero. Los paréntesis tienen mayor prioridad y son evaluados de más internos a más externos.

<table>
<tr><th>Operador</th><th>Asociatividad</th></tr>
<tr><td>() [] . new typeof</td><td>izquierda a derecha</td></tr>
<tr><td>- ~ ! ++ -- (tipo)expresión</td><td>derecha a izquierda</td></tr>
<tr><td>* / %</td><td>izquierda a derecha</td></tr>
<tr><td>+ -</td><td>izquierda a derecha</td></tr>
<tr><td><< >></td><td>izquierda a derecha</td></tr>
<tr><td>< <= > >= is as</td><td>izquierda a derecha</td></tr>
<tr><td>== !=</td><td>izquierda a derecha</td></tr>
<tr><td>&</td><td>izquierda a derecha</td></tr>
<tr><td>^</td><td>izquierda a derecha</td></tr>
<tr><td>|</td><td>izquierda a derecha</td></tr>
<tr><td>&&</td><td>izquierda a derecha</td></tr>
<tr><td>||</td><td>izquierda a derecha</td></tr>
<tr><td>?:</td><td>derecha a izquierda</td></tr>
<tr><td>= *= /= %= += -= <<= >>= >>>= &= |= ^=</td><td>derecha a izquierda</td></tr>
</table>

En C#, todos los operadores binarios excepto los de asignación son evaluados de izquierda a derecha. En el siguiente ejemplo, primero se asigna *z* a *y* y a continuación *y* a *x*.

```
int x = 0, y = 0, z = 15;
x = y = z;      // resultado x = y = z = 15
```

3.9 ESTRUCTURA DE UN PROGRAMA

El código de una aplicación C# se agrupa en clases que almacenamos en uno o más ficheros. A su vez, los ficheros se agrupan en proyectos. Muchas de las clases que utilizaremos pertenecen a la biblioteca .NET, por lo tanto ya están escritas y compiladas. Pero otras tendremos que escribirlas nosotros mismos, dependiendo del problema que tratemos de resolver en cada caso.

Todo programa C# está formado por al menos una clase que define un método nombrado **Main,** como se muestra a continuación:

```
public class MiAplicacion
{
  public static void Main(string[] args)
  {
    // escriba aquí el código que quiere ejecutar
  }
}
```

Una clase que contiene un método **Main** es una plantilla para crear lo que vamos a denominar objeto principal (también llamado objeto aplicación), objeto que tiene como misión iniciar y finalizar la ejecución del programa. Precisamente, el método **Main** es el punto de entrada y de salida del programa.

Por ejemplo, la siguiente aplicación muestra cómo calcular el área de un círculo de radio especificado. Esta aplicación estará formada por una clase *Círculo*, para definir objetos círculo, y una clase *MiAplicacion*, para trabajar con círculos.

Primero creamos un proyecto *Circulo* con una clase principal (la que contiene el método **Main**) denominada *MiAplicacion*:

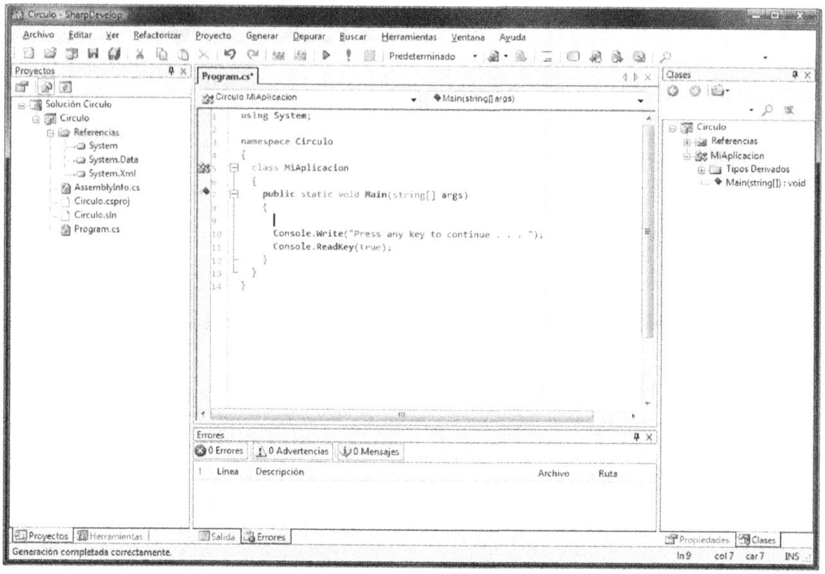

Un círculo tiene un atributo *radio* y el área del círculo es el resultado de la expresión $\pi \times radio^2$. Según esto, añadimos al proyecto una nueva clase *Circulo* (clic con el botón secundario del ratón sobre el nombre del proyecto > *Agregar* > *Nuevo elemento* > *Clase*) y la completamos así:

```
class Circulo
{
  private const double PI = 3.1415926;
  private double radio;

  public Circulo(double r)
  {
    radio = r;
  }

  public double areaCirculo()
  {
    double area = PI * radio * radio;
    return area;
  }
}
```

En el apartado *Variables* de este mismo capítulo se explicó el significado de los calificadores **private**, **public, static** o la ausencia de estos. También se puede observar que hay un método con el mismo nombre que la clase (*Circulo*); este método recibe el nombre de constructor y se invoca automáticamente cada vez que se crea un objeto de la clase. Obsérvese que este método especial no especifica un tipo para el valor retornado.

Finalmente, para finalizar esta aplicación, complete el método **Main** de la clase *MiAplicacion* como se indica a continuación. En él, se crea (**new**) un objeto, *unCirculo*, que representa un círculo de radio *r* (ahí se invoca al constructor) y después, el objeto invocando a su método *areaCirculo* devuelve el área del círculo.

```
class MiAplicacion
{
  public static void Main(string[] args)
  {
    double r = 10.0;
    Circulo unCirculo = new Circulo(r); // se invoca al
    // constructor
    double area = unCirculo.areaCirculo();
    Console.WriteLine("Área = " + area);

    Console.Write("Pulse una tecla para continuar...");
    Console.ReadKey(true);
  }
}
```

Para observar los resultados que se obtienen, compile y ejecute la aplicación como se indicó en el capítulo 1.

3.10 PROGRAMA ORIENTADO A OBJETOS

La idea de la programación orientada a objetos es organizar los programas a imagen y semejanza de la organización de los objetos en el mundo real. Según esto, un programa orientado a objetos se compondrá solamente de objetos que se crearán a partir de las clases que intervienen en el programa. En el ejemplo anterior, además de la clase **Console** de la biblioteca .NET, intervienen las clases *Circulo* y *MiAplicacion*.

Los objetos se comunicarán entre sí mediantes mensajes y los mensajes a los que un objeto puede responder se corresponden con los métodos de su clase. En el ejemplo anterior se observa que desde el método **Main** de *MiAplicacion* se envía el mensaje *areaCirculo* al objeto *unCirculo*; la respuesta de este objeto a ese mensaje es la ejecución del método del mismo nombre que devuelve el área del círculo representado por dicho objeto.

Los objetos sólo pueden responder a los mensajes programados en su propia clase. Dicho de otra forma, un método de una clase sólo puede ser invocado para su ejecución por un objeto de su misma clase.

```
area = unCirculo.areaCirculo();
```

Objeto Método

Capítulo 4

ENTRADA Y SALIDA ESTÁNDAR

Frecuentemente un programa necesitará obtener información desde un origen o enviar información a un destino. Por ejemplo, obtener información desde el teclado o bien enviar información a la pantalla. En este capítulo aprenderá cómo leer los datos requeridos por su aplicación del teclado y cómo mostrar los resultados en una consola.

4.1 FLUJOS DE ENTRADA

La clase **Console** proporciona dos métodos que tienen un especial interés porque permiten a un programa leer datos de la entrada estándar (del teclado). Estos métodos son:

```
public static int Read()
public static string ReadLine()
```

El método **Read** simplemente lee caracteres individuales del flujo de entrada estándar; concretamente lee el siguiente carácter disponible. Devuelve un entero (**int**) correspondiente al código del carácter leído o bien un valor negativo cuando en un intento de leer no hay más datos.

Por ejemplo, el siguiente código lee un carácter del teclado:

```
using System;
namespace LeerUnCaracter
{
  class Program
  {
    public static void Main(string[] args)
    {
      char car = '\0';
      Console.Write("Introduzca un carácter: ");
      car = Convert.ToChar(System.Console.Read());
      Console.WriteLine(car);

      Console.Write("Pulse una tecla para continuar...");
      Console.ReadKey(true);
    }
  }
}
```

El entero devuelto por el método **Read** es convertido en un carácter invocando al método **ToChar** de la clase **Convert** del espacio de nombres **System**. El método **ReadKey** obtiene el carácter de la tecla pulsada por el usuario.

El método **ReadLine** lee una línea del flujo vinculado con la entrada estándar; concretamente lee la siguiente línea disponible. Devuelve una referencia a un objeto **String** que envuelve la línea leída o bien una referencia nula (**null** en C#) cuando no hay datos disponibles.

Una línea está definida como una secuencia de caracteres seguidos por un retorno de carro (*CR*: *&000D*), un avance de línea (*LF*: *&000A*), o bien por ambos (carácter '\n'; este valor es automáticamente añadido al final del texto escrito por **WriteLine**). La cadena de caracteres devuelta no contiene el carácter o caracteres de terminación.

Por ejemplo, el siguiente código lee una línea de la entrada estándar y la visualiza en la pantalla:

```
using System;
namespace LeerUnaCadena
{
  class Program
  {
```

```
    public static void Main(string[] args)
    {
      // Variable para almacenar una línea de texto
      string sdato = null;
      Console.Write("Introduzca un texto: ");
      // Leer una línea de texto
      sdato = Console.ReadLine();
      // Escribir la línea leída
      Console.WriteLine(sdato);

      Console.Write("Pulse una tecla para continuar...");
      Console.ReadKey(true);
    }
  }
}
```

Analicemos el método **Main** del programa anterior. Primeramente define una referencia, *sdato*, a un objeto **String**; esto permitirá leer una cadena de caracteres. Después lee una línea de texto introducida a través del teclado y la visualiza.

4.2 FLUJOS DE SALIDA

La clase **Console** también proporciona dos métodos que tienen un especial interés porque permiten a un programa escribir datos en la salida estándar (en la ventana de la consola). Estos métodos son:

```
public static void Write([arg])
public static void WriteLine([arg])
```

Por ejemplo, el siguiente código (se presentan dos versiones) escribe un valor *n* en la salida estándar y sitúa el punto de inserción (el cursor) en la línea siguiente:

```
double n = 10.5;
System.Console.WriteLine(n); // escribe: 10,5
System.Console.WriteLine("Valor = " + n);
  // escribe: Valor = 10,5
```

Los métodos **Write** y **WriteLine** son esencialmente los mismos; ambos escriben su argumento en la salida estándar. La única diferencia entre ellos es que **WriteLine** añade un carácter '\n' (avance al principio de la línea siguiente) al final de su salida, y **Write** no. En otras palabras, la siguiente sentencia:

```
System.Console.Write("El valor no puede ser negativo\n");
```

es equivalente a esta otra:

```
System.Console.WriteLine("El valor no puede ser negativo");
```

En el ejemplo anterior, se puede observar que **Write** añade al final de la cadena de caracteres un retorno de carro más un avance de línea que **WriteLine** no necesita añadir, ya que dicha operación está implícita en este método.

Los argumentos para **Write** y **WriteLine** pueden ser de cualquier tipo primitivo o referenciado: **object**, **string**, **char[]**, **char**, **int**, **long**, **float**, **double**, **bool**, **decimal**, etc. Sin argumentos, **WriteLine** escribe un carácter '\n', lo que se traduce en un avance a la línea siguiente.

Como ejemplo, el siguiente programa utiliza **WriteLine** para escribir datos de varios tipos en la salida estándar.

```
using System;
namespace TestTiposDatos
{
  class Program
  {
    public static void Main(string[] args)
    {
      string sCadena = "Lenguaje C#";
      char[] cMatrizCars = {'a', 'b', 'c'};
              // matriz de caracteres
      int dato_Integer = 4;
      long dato_long = long.MinValue;
              // mínimo valor Long
      float dato_Single = (float)(float.MaxValue);
              // máximo valor float
      double dato_Double = Math.PI; // 3.1415926
      bool dato_bool = true;

      Console.WriteLine(sCadena);
```

```
            Console.WriteLine(cMatrizCars);
            Console.WriteLine(dato_Integer);
            Console.WriteLine(dato_long);
            Console.WriteLine(dato_Single);
            Console.WriteLine(dato_Double);
            Console.WriteLine(dato_bool);

            Console.Write("Pulse una tecla para continuar...");
            Console.ReadKey(true);
        }
    }
}
```

Los resultados que produce el programa anterior son los siguientes:

```
Lenguaje C#
abc
4
-9223372036854775808
3,402823E+38
3,14159265358979
True
```

Observe que se puede imprimir un objeto: el primer método **WriteLine** imprime un objeto **String**. Cuando se utiliza **Write** o **WriteLine** para imprimir un objeto, el dato impreso depende del tipo del objeto. En el ejemplo se puede observar que la impresión de un objeto **String** hace que se imprima la cadena de caracteres que almacena.

4.3 SALIDA CON FORMATO

Los métodos **Write** y **WriteLine** también permiten mostrar los datos según un formato. Para ello utilizaremos las siguientes formas de estos métodos:

```
public static void Write(formato[, argumento]...)
public static void WriteLine(formato[, argumento]...)
```

formato Especifica cómo va a ser la salida. Es una cadena de caracteres formada por caracteres ordinarios, secuencias de escape y especificaciones de formato. El formato se lee de izquierda a derecha.

```
int edad = 0;
float peso = 0F;
// ...
```

especificaciones de formato

```
Write("Tiene {0,2:d} años y pesa {1,6:f2} kilos\n", edad, peso);
```

caracteres ordinarios secuencia de escape

argumento Representa el valor o valores a escribir. Cada argumento debe tener su correspondiente especificación de formato y en el mismo orden. Si hay más argumentos que especificaciones de formato, los argumentos en exceso se ignoran.

```
Write("Tiene {0,2:d} años y pesa {1,6:f2} kilos\n", edad, peso);
```

Cuando se ejecute la sentencia anterior, los caracteres ordinarios se escribirán tal cual y las especificaciones de formato serán sustituidas por los valores correspondientes en la lista de argumentos. Así, para *edad* igual a 20 y *peso* igual 70.5 el resultado será:

```
Tiene 20 años y pesa  70,50 kilos
```

Una especificación de formato está compuesta por:

{*posición*[, *ancho*][:*tipo*[*decimales*]]}

Una especificación de formato siempre está incluida entre { }. El significado de cada uno de los elementos se indica a continuación:

posición Posición 0, 1, 2, etc., del argumento en la lista de argumentos.

ancho Opcional. Mínimo número de posiciones para la salida. Si el ancho se omite o el valor a escribir ocupa más posiciones de las especificadas, el ancho se incrementa en lo necesario. Si este valor es negativo el resultado se justifica a la izquierda dentro del *ancho* especificado; si es positivo la justificación se hace a la derecha.

tipo Opcional. Uno de los caracteres de la tabla mostrada a continuación.

decimales Opcional. Número mínimo de dígitos a mostrar en el caso de enteros o de decimales en el caso de fraccionarios. Cuando se especifica se escribe justo a continuación de *tipo*, sin espacios en blanco.

La siguiente tabla muestra los formatos utilizados más comúnmente y ejemplos de utilización de los mismos:

Carácter	*Descripción*	*Ejemplos*	*Salida*
C o c	Moneda	`Console.Write("{0,9:C2}", 4.5)` `Console.Write("{0,9:C2}", -4.5)`	4,50 € -4,50 €
D o d	Enteros	`Console.Write("{0:D5}", 45)` `Console.Write("{0,5:D}", 45)`	00045 45
E o e	Científico	`Console.Write("{0:E}", 450000)`	4,500000E+005

F o f	Coma fija	`Console.Write("{0:F2}", 45)`
		`Console.Write("{0:F0}", 45)`
		`Console.Write("{0,8:F2}",45)`
		`Console.Write("{0,8:F2}",145.3)`
			45,00
			45
			45,00
			145,30

G o g	General	`Console.Write("{0:G}", 4.5)`	4,5
N o n	Numérico	`Console.Write("{0:N}", 4500000)`	4.500.000,00
P o p	%	`Console.Write("{0:N}", 0.12345)`	12,35 %
X o x	Hexadecimal	`Console.Write("{0:X}", 450)` `Console.Write("{0:X}", &Hff7a)`	1C2 FF7A

Capítulo 5

SENTENCIAS DE CONTROL

En este capítulo aprenderá fundamentalmente a escribir el código para que un programa tome decisiones y para que sea capaz de ejecutar bloques de sentencias repetidas veces.

5.1 SENTENCIA DE ASIGNACIÓN

Una sentencia es una línea de texto que indica una o más operaciones a realizar. Una línea puede tener varias sentencias, separadas unas de otras por punto y coma:

```
total = cantidad * precio; suma = suma + total;
```

Una sentencia C# puede escribirse en varias líneas físicas. Por ejemplo:

```
PagoMensual = CantidadPrest * (Interés / (1 -
  (1 / ((System.Math.Pow((1 + Interés), Meses))))));
```

La sentencia más común en cualquier lenguaje de programación es la sentencia de asignación. Su forma general es:

variable = expresión

que indica que el valor que resulte de evaluar la *expresión* tiene que ser almacenado en la *variable* especificada. Por ejemplo:

```
int cont = 0;
double intereses = 0;
double capital = 0;
float tantoPorCiento = 0F;
string mensaje = null;
//...
cont = cont + 1; // equivale a cont++
intereses = capital * tantoPorCiento / 100;
mensaje = "La operación es correcta";
```

Toda variable tiene que ser declarada antes de ser utilizada.

5.2 SENTENCIAS DE CONTROL

Las sentencias de control permiten tomar decisiones y realizar un proceso repetidas veces. C# dispone de las siguientes sentencias de control:

- `if`
- `if ... else`
- `switch`
- `while`
- `do ... while`
- `for`
- `break`
- `try ... catch`

Veamos a continuación la sintaxis correspondiente a cada una de ellas; cualquier expresión especificada entre corchetes - [ ] - es opcional.

5.3 IF

La sentencia **if** permite a un programa tomar una decisión para ejecutar una acción u otra, basándose en el resultado verdadero o falso de una expresión. La sintaxis para utilizar esta sentencia es la siguiente:

```
if (condición)
  sentencia 1;
[else
  sentencia 2;]
```

donde *condición* es una expresión booleana, y *sentencia 1* y *sentencia 2* representan a una sentencia simple o compuesta. Cada sentencia simple debe finalizar con un punto y coma. Una sentencia compuesta es un conjunto de sentencias simples encerradas entre { y }.

Una sentencia **if** se ejecuta de la forma siguiente:

1. Se evalúa la *condición* obteniéndose un resultado verdadero o falso.
2. Si el resultado es verdadero (**true**) se ejecutará lo indicado por la *sentencia 1*.
3. Si el resultado es falso (**false**) la *sentencia 1* se ignora y se ejecutará lo indicado por la *sentencia 2*, si la cláusula **else** se ha especificado.
4. En cualquier caso, la ejecución continúa en la siguiente sentencia ejecutable que haya a continuación de la sentencia **if**.

```
if (a == b * 5)
{
  x = 4;
  a = a + x;
}
else
{
  b = 0;
}
// siguiente línea del programa
```

En el ejemplo anterior, si se cumple que *a* es igual a *b * 5*, se ejecutan las sentencias *x = 4* y *a = a + x*. En otro caso, se ejecuta la sentencia *b = 0*. En ambos casos, la ejecución continúa en la siguiente línea del programa.

Cuando *sentencia 2* coincida con otra sentencia **if** se puede utilizar esta otra sintaxis:

```
if (condición 1)
  sentencia 1
else if (condición 2)
  sentencia 2
else if (condición 3)
  sentencia 3

...

else
  sentencia n
```

Por ejemplo, al efectuar una compra en un cierto almacén, si adquirimos más de 100 unidades de un mismo artículo, nos hacen un descuento de un 40%; entre 25 y 100, un 20%; entre 10 y 24, un 10%; y no hay descuento para una adquisición de menos de 10 unidades. La solución que calcula el descuento a aplicar sería de la siguiente forma:

```
if (cc > 100)
  desc = 40.0F; // descuento 40%
else if (cc >= 25)
  desc = 20.0F; // descuento 20%
else if (cc >= 10)
  desc = 10.0F; // descuento 10%
else
  desc = 0.0F;  // descuento 0%
```

Obsérvese que las condiciones se han establecido según los descuentos de mayor a menor. Como ejercicio, piense o pruebe qué ocurriría si establece las condiciones según los descuentos de menor a mayor.

5.4 SWITCH

La sentencia **switch** permite ejecutar una de varias acciones en función del valor de una expresión. Es una sentencia especial para decisiones múltiples. La sintaxis para utilizar esta sentencia es:

```
switch (expresión)
{
  [case expresión-constante 1:]
    [sentencia 1;]

  [case expresión-constante 2:]
    [sentencia 2;]
  [case expresión-constante 3:]
    [sentencia 3;]
  .
  .
  .
  [default:]
    [sentencia n;]
}
```

donde *expresión* es una expresión de tipo entero, enumerado o **string** y *expresión-constante* es una constante del mismo tipo que *expresión* o de un tipo que se pueda convertir implícitamente al tipo de *expresión*; y *sentencia* es una sentencia simple o compuesta. En el caso de que se trate de una sentencia compuesta, no hace falta incluir las sentencias simples que la forman entre {}.

La sentencia **switch** evalúa la expresión entre paréntesis y compara su valor con las constantes de cada **case**. La ejecución de las sentencias del bloque de la sentencia **switch** comienza en el **case** cuya constante coincida con el valor de la expresión y continúa hasta el final del bloque o hasta una sentencia que transfiera el control fuera del bloque de **switch**; por ejemplo, **break**. La sentencia **switch** puede incluir cualquier número de cláusulas **case**.

Si no existe una constante igual al valor de la expresión, entonces se ejecutan las sentencias que están a continuación de **default**, si esta cláusula ha sido especificada. La cláusula **default** puede colocarse en cualquier parte del bloque y no necesariamente al final. Por ejemplo:

```
switch (x)
{
  case 1:
    str = "1";
    break;
```

```
    case 2: case 3:
      str = "2 ó 3";
      break;
    case 4: case 5: case 6: case 7: case 8: case 9:
      str = "4 a 9";
      break;
    default:
      str = "otro valor";
      break;
}
```

En este ejemplo, si *x* vale 1, se asigna "1" a la variable *str*; si vale 2 ó 3, se asigna "2 ó 3" a *str*; si vale 4, 5, 6, 7, 8 ó 9, se asigna "4 a 9" a *str*; y en cualquier otro caso, se asigna "otro valor" a la variable *str*. Cuando se produce una coincidencia, se ejecuta sólo el código que hay hasta **break**.

5.5 WHILE

La sentencia **while** ejecuta una sentencia, simple o compuesta, cero o más veces, dependiendo del valor verdadero o falso de una expresión booleana. Su sintaxis es:

```
while (condición)
  sentencia;
```

donde *condición* es cualquier expresión booleana y *sentencia* es una sentencia simple o compuesta.

La ejecución de la sentencia **while** sucede así:

1. Se evalúa la *condición* obteniéndose un resultado verdadero o falso.
2. Si el resultado es falso (**false**), la *sentencia* no se ejecuta y se pasa el control a la siguiente sentencia en el programa.
3. Si el resultado de la evaluación es verdadero (**true**), se ejecuta la *sentencia* y el proceso descrito se repite desde el punto 1.

Por ejemplo, el siguiente código, que podrá ser incluido en cualquier procedimiento, solicita obligatoriamente una de las dos respuestas posibles: *s/n* (sí o no).

```
char car = '\0';
```

```
Console.Write("\nDesea continuar s/n (sí o no) ");
car = (char)Console.Read();
// Eliminar los caracteres disponibles en el flujo de entrada
Console.ReadLine();
while (car != 's' && car != 'n')
{
  Console.Write("\nDesea continuar s/n (sí o no) ");
  car = (char)Console.Read();
  Console.ReadLine(); // limpiar \n
}
if (car == 's')
  Console.WriteLine("Continuar . . .");
else
  return;
```

Este ejemplo solicita un carácter que almacena en *car*. Después, el bucle **while** verifica si ese carácter es diferente a una 's' o a una 'n' en cuyo caso solicita de nuevo el carácter, y así sucesivamente mientras la respuesta no sea la esperada.

5.6 DO ... WHILE

La sentencia **do ... while** ejecuta una sentencia, simple o compuesta, una o más veces dependiendo del valor de una expresión. Su sintaxis es la siguiente:

```
do
  sentencia;
while (condición);
```

donde *condición* es cualquier expresión booleana y *sentencia* es una sentencia simple o compuesta. Observe que la estructura **do ... while** finaliza con un punto y coma.

La ejecución de una sentencia **do ... while** sucede de la siguiente forma:

1. Se ejecuta el bloque (sentencia simple o compuesta) de **do**.
2. Se evalúa la expresión correspondiente a la *condición* de finalización del bucle obteniéndose un resultado verdadero o falso.

3. Si el resultado es falso (**false**), se pasa el control a la siguiente sentencia en el programa.
4. Si el resultado es verdadero (**true**), el proceso descrito se repite desde el punto 1.

El ejemplo anterior utilizando esta sentencia podría escribirse así:

```
char car = '\0';
do
{
  Console.Write("Desea continuar s/n (sí o no) ");
  car = (char)Console.Read();
  Console.ReadLine(); // limpiar \n
}
while (car != 's' & car != 'n');
if (car == 's')
  Console.Write("Continuar . . .\n");
else
  return;
```

5.7 FOR

La sentencia **for** permite ejecutar una sentencia simple o compuesta, repetidamente un número de veces conocido. Su sintaxis es la siguiente:

```
for ([v1=e1 [, v2=e2]...];[condición];[progresión-condición])
  sentencia;
```

- *v1*, *v2*..., representan variables de control que serán iniciadas con los valores de las expresiones *e1*, *e2*...;
- *condición* es una expresión booleana que, si se omite, se supone verdadera;
- *progresión-condición* es una o más expresiones separadas por comas cuyos valores evolucionan en el sentido de que se cumpla la condición para finalizar la ejecución de la sentencia **for**;
- *sentencia* es una sentencia simple o compuesta.

La ejecución de la sentencia **for** sucede de la siguiente forma:

1. Se inician las variables *v1*, *v2*...

2. Se evalúa la condición:

   a) Si el resultado es verdadero (**true**), se ejecuta el bloque de sentencias, se evalúa la expresión que da lugar a la progresión de la condición y se vuelve al punto 2.

   b) Si el resultado es falso (**false**), la ejecución de la sentencia **for** se da por finalizada y se pasa el control a la siguiente sentencia en el programa.

Por ejemplo, la siguiente sentencia **for** imprime los números del *1* al *100*. Literalmente dice: desde *i* igual a *1*, mientras *i* sea menor o igual que *100*, incrementando la *i* de uno en uno, escribir el valor de *i*.

```
int i;
for (i = 1; i <= 100; i++)
  Console.Write(i + " ");
```

Un bucle **for** se ejecuta más rápidamente cuando las variables son enteras y las expresiones constantes. Por ejemplo, el siguiente código calcula y muestra la suma de los números impares que hay entre el 1 y el 99:

```
int i, suma = 0;
for (i = 1; i <= 99; i += 2) // Para i=1,3,5,... hasta 99
{
  suma = suma + i;
}
Console.WriteLine(suma);
```

El siguiente ejemplo realiza la misma suma anterior pero en orden inverso, esto es, del 99 al 1. Observe que la progresión de la condición es ahora un valor negativo:

```
int i, suma = 0;
for (i = 99; i >= 1; i -= 2) // Para i=99,97,... hasta 1
{
  suma = suma + i;
}
Console.WriteLine(suma);
```

5.8 FOREACH

La sentencia **foreach** es similar a la sentencia **for**, con la diferencia de que ahora se repite un grupo de sentencias por cada elemento de una colección de objetos o de una matriz. Esto es especialmente útil cuando no conocemos cuántos elementos hay en la colección o en la matriz. Su sintaxis es la siguiente:

```
foreach (elemento in colección/matriz)
  sentencia;
```

donde *elemento* es una variable de un tipo compatible con el tipo de los elementos de la colección o de la matriz. Por ejemplo, el código que se muestra a continuación suma los elementos de una matriz de enteros denominada *matriz_m* (las matrices serán estudiadas en un capítulo posterior):

```
int[] matriz_m = {1, 2, 3, 4, 5, 6};
int suma = 0;

foreach (int x in matriz_m)
{
  suma = suma + x;
}
Console.WriteLine(suma); // suma = 21
```

La sentencia **foreach** de este ejemplo indica que por cada valor *x* en la matriz *matriz_m* se tiene que ejecutar la sentencia:

```
suma = suma + x;
```

5.9 SENTENCIA BREAK

Anteriormente vimos que la sentencia **break** finaliza la ejecución de una sentencia **switch**. Pues bien, cuando se utiliza **break** en un bucle **while**, **do** o **for**, hace lo mismo: finaliza la ejecución del bucle.

Cuando las sentencias **switch**, **while**, **do**, o **for** estén anidadas, la sentencia **break** solamente finaliza la ejecución del bucle donde esté incluida.

Por ejemplo, el siguiente código calcula y muestra la suma de los números impares que hay entre el 1 y el 99. Para ello emplea un bucle **whi-**

le, en principio infinito (la condición siempre es verdadera), que finalizará en el instante en el que se ejecute la sentencia **break**:

```
int i = 1, suma = 0;
while (true)
{
  suma = suma + i;
  i += 2;
  if (i > 99) break;
}
Console.WriteLine(suma);
```

5.10 TRY ... CATCH

Cuando durante la ejecución de un programa se produce un error que impide su continuación, el entorno de ejecución lanza una excepción que hace que se visualice un mensaje acerca de lo ocurrido y se detenga la ejecución. Cuando esto ocurra, si no deseamos que la ejecución del programa se detenga, habrá que utilizar **try** para poner en alerta al programa acerca del código que puede lanzar una excepción y utilizar **catch** para capturar y manejar cada excepción que se lance. Por ejemplo, el código que se muestra a continuación:

```
int dato1 = 0, dato2 = 0, dato3 = 0;
dato1++;
dato3 = dato1 / dato2;
dato2++;
// Otras sentencias
Console.WriteLine(dato1 + " " + dato2 + " " + dato3);
```

lanzará la excepción del tipo **System.DivideByZeroException**:

```
Se generó la excepción System.DivideByZeroException en
el programa:
Intento de dividir por cero.
Main() - Program.cs: n
```

La información dada por el mensaje anterior, además del tipo de excepción, especifica que ha ocurrido una división por cero en la línea *n* del método **Main** de *Program.cs*.

Modifiquemos este código con la intención de capturar la excepción lanzada. El resultado puede ser el siguiente:

```
int dato1 = 0, dato2 = 0, dato3 = 0;
try
{
  dato1++;
  dato3 = dato1 / dato2;
  dato2++;
  // Otras sentencias
}
catch (DivideByZeroException e)
{
  // Manejar una excepción de tipo DivideByZeroException
  Console.WriteLine("Error: " + e.Message);
  dato3 = dato1;
}
Console.WriteLine(dato1 + " " + dato2 + " " + dato3);
```

Ahora, si la sentencia *dato3 = dato1 / dato2* da lugar a una división por cero, C# detendrá temporalmente la ejecución de la aplicación y lanzará una excepción de tipo **DivideByZeroException** que será capturada por el bloque **catch**. La ejecución del programa se reanudará a partir de la primera sentencia perteneciente al bloque **catch** y continuará hasta el final del programa. Se puede observar que la opción que se ha tomado ante la excepción lanzada ha sido suponer una división entre 1, esto es: *dato3 = dato1*. El resultado cuando finalice la aplicación será:

```
Error: Intento de dividir por cero.
1 0 1
```

Cuando un método lanza una excepción, el sistema es responsable de encontrar a alguien que la atrape con el objetivo de manipularla. El conjunto de esos "alguien" es el conjunto de métodos especificados en la pila de llamadas hasta que ocurrió el error. Por ejemplo, fijándonos en la figura siguiente, cuando se ejecute el método *crearFichero* y se invoque al método *datoLong*, la *pila de llamadas* crecerá así:

```
Main > crearFichero > Leer.datoLong > System.Console.ReadLine
```

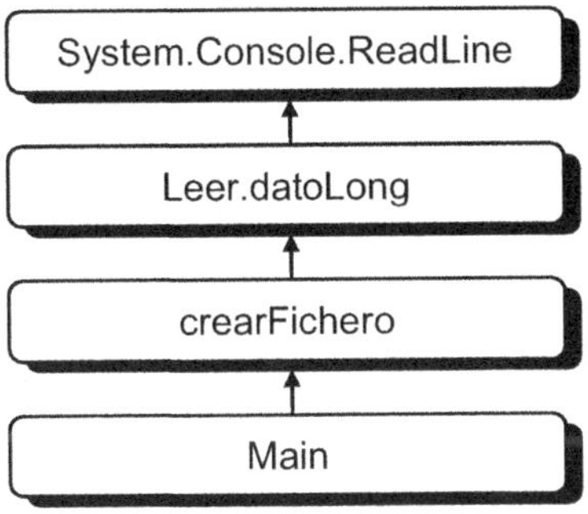

Si al ejecutarse el método **ReadLine** ocurriera un error, éste lanzaría una excepción de la clase **IOException** que interrumpiría el flujo normal de ejecución. Después, el sistema buscaría en la pila de llamadas, hacia abajo y comenzando por el propio método que produjo el error, uno que implemente un manejador (bloque **catch**) que pueda atrapar esta excepción. Si el sistema, descendiendo por la pila de llamadas, no encontrara este manejador, el programa terminaría.

Capítulo 6

MÉTODOS

De la misma forma que la biblioteca .NET proporciona métodos predefinidos como **WriteLine**, nosotros también podemos añadir a nuestro programa nuestros propios métodos e invocarlos de la misma forma que lo hacemos con los predefinidos.

Por ejemplo, en el programa siguiente el método **Main** muestra la suma de dos valores cualesquiera; dicha suma la obtiene invocando a un método *sumar* añadido por nosotros que recibe en sus parámetros *x* e *y* los valores a sumar, realiza la suma de ambos y utilizando la sentencia **return**, devuelve el resultado solicitado por **Main**.

Tipo del valor retornado

Parámetros que se pasarán como argumentos

```
public static double sumar(double x, double y)
{
  double resultado = 0;
  resultado = x + y;
  return resultado;
}
```

Valor retornado por el método sumar

Para una mejor comprensión de lo dicho, piense en el método o función llamado *logaritmo* que seguro habrá utilizado más de una vez a lo largo de sus estudios. Esta función devuelve un valor real correspondiente al logaritmo del valor pasado como argumento: *x = log(y)*. Bueno, pues compárelo con el método *sumar* y comprobará que estamos hablando de cosas análogas: *r = sumar(a, b)*.

Según lo expuesto y aplicando los conocimientos adquiridos hasta ahora, el programa propuesto puede ser como se muestra a continuación:

```
using System;
namespace ProcSumar
{
  class Program
  {
    //
    // Método sumar:
    //   parámetros x e y de tipo double
    //   devuelve x + y
    //
    public static double sumar(double x, double y)
    {
      double resultado = 0;
      resultado = x + y;
      return resultado;
    }

    public static void Main(string[] args)
    {
      double a = 10, b = 20, r = 0;
      r = sumar(a, b);
      System.Console.WriteLine("Suma = " + r);

      Console.Write("Pulse una tecla para continuar...");
      Console.ReadKey(true);
    }
  }
}
```

Observe cómo es la llamada al método *sumar*: *r = sumar(a, b)*. El método es invocado por su nombre, entre paréntesis se especifican los argumentos con los que debe operar, y el resultado que devuelve se almacena en *r*.

Finalmente, si comparamos el esqueleto del método *sumar* y el del método **Main**, observamos que son muy parecidos: *sumar* devuelve un valor de tipo real de doble precisión indicado por **double** y **Main** nada (**void**) y *sumar* tiene dos parámetros, *x* e *y*, y **Main** uno, *args*.

6.1 DEFINICIÓN

Un método es una colección de sentencias que ejecutan una tarea específica. En C#, un método siempre pertenece a una clase y su definición nunca puede contener a la definición de otro método; esto es, C# no permite métodos anidados.

La definición de un método consta de una *cabecera* y del *cuerpo* del método encerrado entre llaves. La sintaxis para escribir un método es la siguiente:

```
[modificador] tipo-resultado nombre-método ([parámetros])
{
  declaraciones de variables locales;
  sentencias;
  [return [(]expresión[)];]
}
```

Las variables declaradas en el cuerpo del método son locales a dicho método y por definición solamente son accesibles dentro del mismo.

Un *modificador* es una palabra clave que modifica el nivel de protección predeterminado del método; los más usuales son **public** y **private** (por omisión se supone **private**). Véase el apartado *Variables* del capítulo 3. En este apartado dijimos que la accesibilidad pública o privada se podía aplicar también a los métodos de una clase, además de a los atributos de la misma. También dijimos que una clase puede declararse pública, pero no privada. Véase también a continuación el apartado *Modificadores de acceso*.

El *tipo del resultado* especifica qué tipo de valor retorna el método. Éste puede ser cualquier tipo primitivo o referenciado. Para indicar que no se devuelve nada, se utiliza la palabra reservada **void**. El resultado de un método es devuelto por medio de la sentencia **return**, instante en el que finaliza la ejecución del mismo:

```
return [(]expresión[)];
```

La sentencia **return** puede ser o no la última y puede aparecer más de una vez en el cuerpo del método. En el caso de que el método no retorne un valor (**void**), se puede omitir o especificar simplemente **return**. Por ejemplo:

```
void mEscribir()
{
  // ...
  return;
}
```

La lista de *parámetros* de un método son las variables que reciben los valores de los argumentos especificados cuando se invoca al mismo. Consiste en una lista de cero, uno o más identificadores con sus tipos, separados por comas. En el siguiente ejemplo podemos observar que el método *Sumar* tiene dos parámetros, *x* e *y*, de tipo **double**:

```
public static double sumar(double x, double y)
{
  // ...
}
```

6.2 MODIFICADORES DE ACCESO

El nivel de protección de los miembros de una clase (atributos y métodos) determina quién puede acceder a los mismos. Estos niveles son básicamente los siguientes: *público* y *privado*.

Para explicar esto con detalle, vamos a plantear un ejemplo sencillo de un programa que presente una tabla de equivalencia entre grados centígrados y grados *fahrenheit*, como indica la figura siguiente:

```
-30 C    -22.00 F
-24 C    -11.20 F
        .
        .
        .
 90 C    194.00 F
 96 C    204.80 F
```

La relación entre los grados centígrados y los grados *fahrenheit* viene dada por la expresión *grados fahrenheit = 9/5 * grados centígrados + 32*.

Los cálculos los vamos a realizar para un intervalo de –30 a 100 grados centígrados con incrementos de 6.

Analicemos el problema. ¿De qué trata el programa? De grados. Entonces podemos pensar en objetos "grados" que encapsulen un valor en grados centígrados y los métodos necesarios para asignar al objeto un valor en grados centígrados, así como para obtener tanto el dato grados centígrados como su equivalente en grados *fahrenheit*. En base a esto, podríamos escribir una clase *CGrados* como se puede observar a continuación y almacenarla en un fichero denominado *CGrados.cs*. Previamente, cree un proyecto *ConverGrados*, con una clase aplicación *CApGrados*, como explicamos en el apartado *Estructura de un programa* del capítulo 3. Después, añada a este proyecto la clase *CGrados* y complétela como se indica a continuación:

```
using System;
namespace ConverGrados
{
  public class CGrados
  {
    private float gradosC; // grados centígrados

    public void CentígradosAsignar(float gC)
    {
      // Establecer el atributo grados centígrados
      gradosC = gC;
    }

    public float FahrenheitObtener()
    {
      // Retornar los grados fahrenheit equivalentes
      // a gradosC
      return 9F/5F * gradosC + 32;
    }

    public float CentígradosObtener()
    {
      return gradosC; // retornar los grados centígrados
    }
  }
}
```

El código anterior muestra que un objeto de la clase *CGrados* tendrá una estructura interna formada por el atributo:

- *gradosC*, grados centígrados,

y una interfaz de acceso formada por los métodos:

- *CentígradosAsignar* que permite asignar a un objeto un valor en grados centígrados.
- *FahrenheitObtener* que permite retornar el valor grados *fahrenheit* equivalente a *gradosC* grados centígrados.
- *CentígradosObtener* que permite retornar el valor almacenado en el atributo *gradosC*.

Sin casi darnos cuenta estamos abstrayendo (separando por medio de una operación intelectual) los elementos naturales que intervienen en el problema a resolver y construyendo objetos que los representan (véase también el apartado *Programación orientada a objetos* del capítulo 3).

Recordando lo visto en el apartado *Estructura de un programa* del capítulo 3, un programa C# tiene que tener un objeto principal, que aporte un método **Main**, por donde empezará y terminará la ejecución del programa, además de otros que consideremos necesarios. ¿Cómo podemos imaginar esto de una forma gráfica? La figura siguiente da respuesta a esta pregunta:

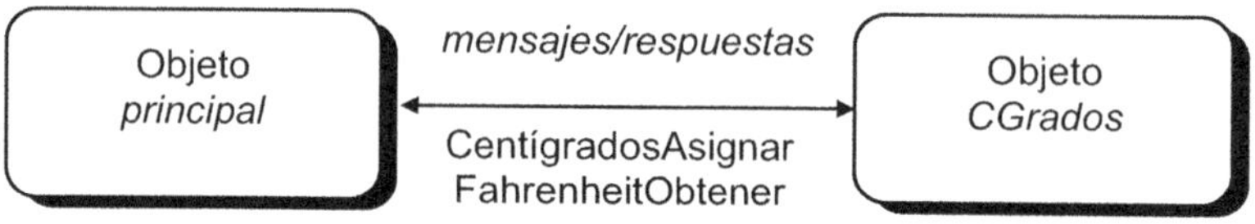

Entonces, ¿qué tiene que hacer el objeto principal? Pues, visualizar cuántos grados *fahrenheit* son –30 C, –24 C, ..., *n* grados centígrados, ..., 96 C. Y, ¿cómo hace esto? Enviando al objeto *CGrados* los mensajes *CentígradosAsignar* y *FahrenheitObtener* una vez para cada valor desde –30 a 100 grados centígrados con incrementos de 6. El objeto *CGrados* responderá ejecutando los métodos vinculados con los mensajes que recibe. Según esto, el código de la clase que dará lugar al objeto aplicación puede ser el siguiente:

```
using System;
namespace ConverGrados
{
```

```
  class CApGrados
  {
    // Definición de constantes
    private const int limInferior = -30;
    private const int limSuperior = 100;
    private const int incremento = 6;

    public static void Main(string[] args)
    {
      // Declaración de variables
      CGrados grados = new CGrados(); // objeto grados
      int gradosCent = limInferior;
      float gradosFahr = 0;

      while (gradosCent <= limSuperior)
      {
        // Asignar al objeto grados el valor en
        // grados centígrados
        grados.CentígradosAsignar(gradosCent);
        // Obtener del objeto grados los grados fahrenheit
        gradosFahr = grados.FahrenheitObtener();
        // Escribir la siguiente línea de la tabla
        Console.Write("{0,10:D} C {1,10:F2} F\n",
                      gradosCent, gradosFahr);
        // Siguiente valor
        gradosCent += incremento;
      }

      Console.Write("Pulse una tecla para continuar...");
      Console.ReadKey(true);
    }
  }
}
```

Observe que lo primero que hace el método **Main** es crear el objeto *grados* de la clase *CGrados* que utilizará para invocar a los métodos de esta clase que permitan crear la tabla de conversión.

Un miembro de una clase declarado *privado* puede ser accedido únicamente desde los métodos de su clase. En el ejemplo anterior se puede observar que el atributo *gradosC* es privado y es accedido a través del método *CentígradosAsignar*. Si un método de otra clase, por ejemplo el método **Main** de la clase *CApGrados*, incluyera una sentencia como la siguiente,

```
grados.gradosC = 30;
```

el compilador C# mostraría un error indicando que el miembro *gradosC* no es accesible desde esta clase, por tratarse de un miembro privado de *CGrados*.

Un miembro de una clase declarado *público* es accesible desde cualquier método definido dentro de la clase o fuera (en otra clase). Por ejemplo, en la clase *CApGrados*, se puede observar cómo el objeto *grados* accede a su método *CentígradosAsignar* con el fin de modificar el valor de su miembro privado *gradosC*.

Generalmente los atributos de una clase de objetos se declaran privados, estando así ocultos para otras clases, siendo posible el acceso a los mismos únicamente a través de los métodos públicos de dicha clase. El mecanismo de ocultación de miembros se conoce en la programación orientada a objetos como *encapsulación*: proceso de ocultar la estructura interna de datos de un objeto y permitir el acceso sólo a través de la interfaz pública definida, entendiendo por interfaz pública el conjunto de miembros públicos de una clase. ¿Qué beneficios reporta la encapsulación? Pues controlar las operaciones que se pueden hacer sobre los atributos a través de los métodos que forman la interfaz pública.

El nivel de protección predeterminado para un miembro de una clase es **private**. Un miembro de una clase con este nivel de protección puede no utilizar ningún modificador y puede ser accedido desde todos los métodos de la misma clase.

6.3 MIEMBROS STATIC

Sabemos que una clase agrupa los atributos y los métodos que definen a los objetos de esa clase. Pero, cada objeto que creemos de esa clase ¿mantiene una copia tanto de los atributos como de los métodos? Lógicamente, cada objeto mantiene su propia copia de los atributos para almacenar sus datos particulares; pero, de los métodos sólo hay una copia para todos los objetos, lo cual también es lógico, porque cada objeto sólo requiere utilizarlos; por ejemplo, cuando necesite modificar sus atributos.

No obstante, en ocasiones puede ser interesante disponer de un atributo de la clase que almacene información común a todos los objetos de esa clase; en este caso, cada objeto no mantendrá una copia del mismo, sino que todos los objetos compartirán una única copia. Esto se consigue declarando el atributo **static**. Como ejemplo, observe las variables *limInferior*, *limSuperior* e *incremento* de la clase *CApGrados*; son **const** y por lo tanto **static** (véase el apartado 3.4: *Declaración de constantes simbólicas*).

Análogamente, un método declarado **static** es un método de la clase, por lo tanto no se ejecuta para un objeto particular; esto se traduce en que un método **static** no puede acceder a los atributos de su clase, excepto a los **static**. La finalidad es disponer de métodos que realizan una operación genérica (por ejemplo obtener la fecha actual del sistema) y poderlos invocar sin necesidad de que exista un objeto de su clase.

La forma de invocar a un miembro **static** de una clase (atributo o método) desde un método de otra clase, sólo si es accesible, es calificándolo con el nombre de su clase. Por ejemplo:

```
CApGrados.incremento
```

Ahora puede comprender por qué el método **Main** es **static**: para que pueda ser invocado, en este caso por el sistema, aunque no exista un objeto de su clase. Y también puede comprender por qué para llamar al método **Write** de la clase **Console** del espacio de nombres **System** de la biblioteca .NET, se utiliza la sintaxis:

```
Console.Write( ... );
```

Porque echando un vistazo a la documentación de C#, observamos que el método **Write** miembro de la clase **Console** es público y **static**.

6.4 PASANDO ARGUMENTOS A LOS MÉTODOS

En C#, se puede pasar un argumento a un método por *valor* o por *referencia*. Cuando un argumento se pasa por valor, lo que se pasa es una copia del mismo, por lo cual, el método no puede modificar el valor original. En cambio, cuando se pasa por referencia, lo que se pasa es la posición en la memoria de dicho valor, con lo que el método puede acceder directamente al argumento especificado en la llamada para modificar su valor original.

Las variables de un tipo primitivo especificadas en la llamada a un método se pasan por valor de forma predeterminada, lo cual significa que se pasa una copia, por lo que cualquier modificación que se haga a esas variables dentro del método no afecta a la variable original. Por ejemplo, volviendo al programa anterior, la siguiente llamada al método *CentígradosAsignar* pasa el argumento *gradosCent* por valor:

```
grados.CentígradosAsignar(gradosCent);
```

lo que supone copiar el valor de *gradosCent* en el parámetro formal *gC* de *CentígradosAsignar*.

En cambio, los objetos especificados en la llamada a un método se pasan siempre por referencia, lo cual significa que cualquier modificación que se haga a esos objetos dentro del método afecta al objeto original. Para proceder en el mismo sentido con una variable de un tipo primitivo hay que anteponer la palabra reservada **ref** tanto en la definición del método como en la llamada al mismo.

```
public static void intercambiar(ref int x, ref int y)
{
  // ...
}

public static void Main(string[] args)
{
  // ...
  intercambiar(ref a, ref b)
  // ...
}
```

6.5 NÚMERO INDEFINIDO DE ARGUMENTOS

C# soporta métodos con un número variable de parámetros, todos del mismo tipo, y no requiere que el número de argumentos que se pasen sea previamente determinado. ¿Cómo se especifica esta característica? Anteponiendo la palabra clave **params** al tipo del parámetro que será una matriz unidimensional. Por ejemplo:

```
public static void visualizar(params object[] matriz)
{
```

```
  int i = 0;
  foreach (object x in matriz)
  {
    i++;
    Console.WriteLine("Parámetro " + i + " = " + x);
  }
  Console.WriteLine();
}
```

Este método puede ser invocado de las formas siguientes:

```
public static void Main(string[] args)
{
  visualizar(2);
  visualizar(2, 3.7);
  visualizar(2, 3.7, 8.125);
}
```

El resultado de ejecutar este ejemplo será el siguiente:

```
Parámetro 1 = 2

Parámetro 1 = 2
Parámetro 2 = 3,7

Parámetro 1 = 2
Parámetro 2 = 3,7
Parámetro 3 = 8,125
```

Las matrices serán estudiadas en el siguiente capítulo.

6.6 METODOS RECURSIVOS

Se dice que un método es recursivo si se llama a sí mismo. Por ejemplo, el método *factorial*, cuyo código se presenta a continuación, es recursivo.

```
public static long factorial(int n)
{
  long f = 0;
```

```
  if (n == 0)
    return 1;
  else
    return n * factorial(n - 1);
}
```

Se puede observar que la ejecución de *factorial* se inicia *n + 1* veces; cuando se resuelve *factorial(0)* hay todavía *n* llamadas pendientes de resolver; cuando se resuelve *factorial(1)* hay todavía *n - 1* llamadas pendientes de resolver; etc. Obsérvese también que el parámetro *n* es una variable local al método, por eso está presente con su valor local en cada una de las ejecuciones. Quiere esto decir que por cada ejecución recursiva del método, se necesita cierta cantidad de memoria para almacenar las variables locales y el estado en curso del proceso de cálculo con el fin de recuperar dichos datos cuando se acabe una ejecución y haya que reanudar la anterior. Por este motivo, en aplicaciones prácticas es imperativo demostrar que el nivel máximo de recursión es, no sólo finito, sino realmente pequeño.

Según lo expuesto, los algoritmos recursivos son particularmente apropiados cuando el problema a resolver o los datos a tratar se definen en forma recursiva. Sin embargo, el uso de la recursión debe evitarse cuando haya una solución obvia por iteración como la mostrada a continuación:

```
public static long factorial(int n)
{
  long f = 0;
  if (n == 0)
    return 1;
  else
  {
    f = 1;
    while (n > 0)
    {
      f = n * f;
      n--;
    }
    return f;
  }
}
```

6.7 MÉTODOS MATEMÁTICOS

La biblioteca de clases .NET incluye una clase llamada **Math** en su espacio de nombres **System**, la cual define un conjunto de operaciones matemáticas de uso común que pueden ser utilizadas por cualquier programa.

La clase **Math** contiene métodos para ejecutar operaciones numéricas elementales, tales como raíz cuadrada, exponencial, logaritmo y funciones trigonométricas. El código siguiente muestra un ejemplo que utiliza el método raíz cuadrada:

```
double raíz_cuadrada = 0;
double n = 345.0;
raíz_cuadrada = Math.Sqrt(n);
Console.WriteLine("La raíz cuadrada de {0:F3} es {1:F3}",
                  n, raíz_cuadrada);
```

La tabla siguiente muestra de forma resumida algunos de los miembros de la clase **Math**. Todos los métodos de esta clase son públicos y **static** para que puedan ser invocados sin necesidad de definir un objeto de la clase.

Atributo/Método	*Descripción*
E	Constante correspondiente al número *e* (base del logaritmo neperiano o natural).
PI	Constante correspondiente al número π.
Abs(*tipo a*)	Devuelve el valor absoluto de *a*. El *tipo* puede ser: **decimal**, **double**, **float**, **short**, **int** o **Long**.
Ceiling(double *a*)	Devuelve el valor **double** sin decimales más pequeño que es mayor o igual que *a*.
Floor(double *a*)	Devuelve el valor **double** sin decimales más grande que es menor o igual que *a*.
Max(*tipo a*, *tipo b*)	Devuelve el mayor de *a* y *b*. El *tipo*, igual en todos los casos, puede ser entero o real.
Min(*tipo a*, *tipo b*)	Devuelve el menor de *a* y *b*. El *tipo*, igual en todos los casos, puede ser entero o real.
Round(*tipo a*)	Devuelve el entero más cercano a *a*. El *tipo* puede ser **decimal** o **double**.
Sqrt(double *a*)	Devuelve la raíz cuadrada de *a* (*a* no puede ser negativo).
Exp(double *a*)	Devuelve el valor de e^a.

Log(double *a*)	Devuelve el logaritmo en base *e* (natural) de *a*.
Log10(double *a*)	Devuelve el logaritmo en base 10 de *a*.
Pow(double *a*, double *b*)	Devuelve el valor de a^b.
IEEERemainder(double *f1*, double *f2*)	Resto de una división entre números reales: *c* = *f1/f2*, siendo *c* el valor entero más cercano al valor real de *f1/f2*; por lo tanto, el resto puede ser positivo o negativo.
Acos(double *a*)	Arco, de *0.0* a π, cuyo coseno es *a*.
Asin(double *a*)	Arco, de $-\pi/2$ a $\pi/2$, cuyo seno es *a*.
Atan(double *a*)	Arco, de $-\pi/2$ a $\pi/2$, cuya tangente es *a*.
Sin(double *a*)	Seno de *a* radianes.
Cos(double *a*)	Coseno de *a* radianes.
Tan(double *a*)	Tangente de *a* radianes.

6.8 TIPOS PRIMITIVOS Y SUS MÉTODOS

El espacio de nombres **System** proporciona las estructuras **Byte**, **Char**, **Int16**, **Int32**, **Int64**, **Single**, **Double**, **Decimal** y **Boolean**, entre otras, que encapsulan cada uno de los tipos primitivos estudiados en los capítulos anteriores, proporcionando así una funcionalidad añadida para manipularlos (las estructuras se expondrán en el capítulo siguiente).

Analicemos, por ejemplo, la estructura **Int32**. Un objeto **Int32** encapsula un número entero (dato de tipo **int**) que puede ser manipulado utilizando sus métodos. Por ejemplo, hay métodos para convertir el entero en un **string** o un **string** en un entero. Veamos a continuación los atributos y métodos de esta estructura que tienen un mayor interés para nosotros:

Atributo/método	*Descripción*
MinValue	Valor más pequeño de tipo **int**.
MaxValue	Valor más grande de tipo **int**.
Parse (String)	Convierte una cadena a un valor **int**.
ToString ()	Convierte un valor **int** en una cadena (objeto **String**).

El resto de las estructuras tienen métodos análogos y posiblemente incluirán otros atributos y métodos. Por ejemplo, la estructura **Double** proporciona, entre otros, los atributos y los métodos indicados a continuación:

Atributo	*Descripción*
MinValue	Valor más pequeño de tipo **double**.
MaxValue	Valor más grande de tipo **double**.
NaN	No es un Número (NeuN); constante de tipo **double**.
IsNaN(double)	Devuelve **True** si el argumento no es un número.
Parse(String)	Convierte una cadena a un valor **double**.
ToString()	Convierte un valor **double** en una cadena (objeto **String**).

La biblioteca .NET de C# no proporciona métodos para leer variables numéricas desde el teclado, pero sí podemos leer esos valores como cadenas de caracteres y convertir éstas en números. Por ejemplo, para obtener un entero a partir de una cadena de caracteres proporcionada por **ReadLine** habrá que ejecutar los siguientes pasos:

1. Leer la cadena de caracteres.
2. Convertir el objeto **String** en un entero.

El siguiente código correspondiente al método **static** *DatoInt* responde a los puntos enunciados:

```
public static bool DatoInt(ref int dato)
{
  string sdato = null; // una cadena de caracteres
  try
  {
    sdato = Console.ReadLine(); // leer la cadena
    dato = Int32.Parse(sdato);  // convertir a entero
    return true;                // dato correcto
  }
  catch (FormatException e)
  {
    Console.WriteLine("Error: " + e.Message);
    return false;               // dato incorrecto
  }
}
```

En el ejemplo anterior se observa que, una vez leída la cadena *sdato*, se invoca al método estático **Parse** de **Int32** (método compartido) para convertir el objeto **string** en un dato de tipo **int**. Si la cadena no es válida para ser convertida en un entero, se lanzará una excepción que será atrapada por el bloque **catch**. El método devolverá **true** si no hay error y **false** en caso contrario. Obsérvese que el dato a leer se pasa por referencia.

Suponiendo que el método anterior pertenece a una clase *Leer*, la siguiente sentencia permitiría leer un dato **int** correctamente:

```
while(Leer.DatoInt(ref a) == false);
```

Este bucle se ejecutará mientras *DatoInt* devuelva **false**.

6.9 NÚMEROS ALEATORIOS

La biblioteca de clases .NET incluye una clase llamada **Random** en su espacio de nombres **System**, la cual define un conjunto de operaciones relacionadas con la obtención de números al azar. El código siguiente muestra un ejemplo de cómo obtener un número al azar entre 1 y 49:

```
int n = 0;
Random rnd = new Random(); // crear un objeto de la
                           // clase Random.
n = rnd.Next(1, 50);  // obtener el siguiente número
                      // aleatorio entre 1 y 49,
                      // ambos inclusive.
Console.WriteLine(n); // mostrar el número obtenido.
```

La tabla siguiente resume los métodos más utilizados de la clase **Random**:

Método	*Descripción*
Next()	Devuelve un número entero positivo.
Next(int *máx*)	Devuelve un número entero positivo menor que *máx*.
Next(int *mín*, int *máx*)	Devuelve un número entero positivo mayor o igual que *mín* y menor que *máx*.
NextDouble()	Devuelve un número mayor o igual que 0.0 y menor que 1.0.

6.10 EJEMPLO 1

Escriba un método, *DatoDouble*, que permita leer del teclado un número real de tipo **double**. Tanto este método como *DatoInt* serán métodos **static** de una clase *Leer*. De esta forma podrán ser invocados sin tener que crear un objeto de la clase.

Esta aplicación estará formada por una clase *Leer*, para definir los métodos *DatoInt* y *DatoDouble*, y una clase *Program* con un método **Main** que utilice la funcionalidad proporcionada por *Leer*.

Primero creamos un proyecto *LeerDato* con una clase principal (la que contiene el método **Main**) denominada *Program* (véase el apartado 3.9: *Estructura de un programa*).

Después añada al proyecto una nueva clase *Leer* y complétela como se indica a continuación. Observe que dicha clase pertenece al espacio de nombres *LeerDato*.

```
using System;
namespace LeerDato
{
  public class Leer
  {
    public static bool DatoInt(ref int dato)
    {
      string sdato = null; // una cadena de caracteres

      try
      {
        sdato = Console.ReadLine(); // leer la cadena
        dato = Int32.Parse(sdato); // convertir a int
        return true;
      }
      catch (FormatException e)
      {
        return false;
      }
    }

    public static bool DatoDouble(ref double dato)
    {
```

```
            string sdato = null; // una cadena de caracteres
            try
            {
              sdato = Console.ReadLine(); // leer la cadena
              dato = Double.Parse(sdato); // convertir a double
              return true;
            }
            catch (FormatException e)
            {
              return false;
            }
        }
    }
}
```

Observe que el argumento del método **Parse** es la cadena de caracteres devuelta por el método **ReadLine**. Si ocurre un error, por ejemplo, porque se introduce una cadena que no es convertible a un número real, el sistema lanzará una excepción de tipo **FormatException** que será atrapada por el bloque **catch**, lo que dará lugar a que el método correspondiente devuelva el valor **false**.

Para probar el método anterior puede escribir en el método **Main** de la clase *Program* un código análogo al siguiente:

```
using System;
namespace LeerDato
{
  class Program
  {
    public static void Main(string[] args)
    {
      double r = 0.0;
      bool correcto = false;
      do
      {
        Console.Write("Dato real: ");
        correcto = Leer.DatoDouble(ref r);
        if (!correcto)
          Console.Write("Error. ");
      }
      while(!correcto);
```

```
      Console.WriteLine(r * 2.0);

      Console.Write("Pulse una tecla para continuar...");
      Console.ReadKey(true);
    }
  }
}
```

6.11 EJEMPLO 2

Realizar un programa para jugar con el ordenador a acertar números. El ordenador piensa un número y nosotros debemos acertar cuál es en un número de intentos determinado. Por cada intento sin éxito el ordenador nos irá indicando si el número especificado es mayor o menor que el pensado por él. El número pensado por el ordenador se puede obtener multiplicando por una constante el valor devuelto por el método **Random** de la clase **Math**, y los números pensados por nosotros los introduciremos por el teclado.

```
using System;
using LeerDato;
namespace AdivinarNum
{
  class Program
  {
    public static void Main(string[] args)
    {
      int numero = 0; // número pensado por el usuario
      int adivinar = 0; // número pensado por el ordenador
      int i = 0; // intentos realizados
      int oportunidades = 7; // número de intentos permitido
      Random rnd = new Random();
      char resp = 'n'; // ¿seguir jugando (s/n)?

      Console.WriteLine("Adivina mi número entre 0 y 100.");
      Console.WriteLine("Tienes " + oportunidades +
                        " oportunidades. SUERTE.");
      do
      {
        adivinar = rnd.Next(101);
        i = 0;
```

```
        do
        {
          Console.Write("Número: ");
          Leer.DatoInt(ref numero);
          if (numero < adivinar)
          {
            Console.WriteLine("Más grande");
          }
          else if (numero > adivinar)
          {
            Console.WriteLine("Más pequeño");
          }
          else if (numero == adivinar)
          {
            Console.WriteLine("Muy bien!!!!. Has acertado");
          }
          i++;
        }
        while ((numero != adivinar) && (i < oportunidades));

        if (numero != adivinar)
        {
          Console.WriteLine("No acertaste. El número" +
                            " era el " + adivinar);
        }
        Console.Write("¿Quieres seguir jugando? (s/n): ");
        resp = (char)Console.Read();
        Console.ReadLine(); // limpiar \n
      }
      while (resp == 's');

      Console.Write("Pulse una tecla para continuar...");
      Console.ReadKey(true);
    }
  }
}
```

Este programa utiliza la clase *Leer* del espacio de nombres *LeerDato*, de ahí la directriz *using LeerDato* colocada al principio del programa, que desarrollamos en el *Ejemplo 1* de este mismo capítulo. Haga una copia de la misma (Cap06\LeerDato\Leer.cs) y añádala a este proyecto (clic con el botón secundario del ratón sobre el nombre del proyecto > Agregar > Elemento existente... > Leer.cs).

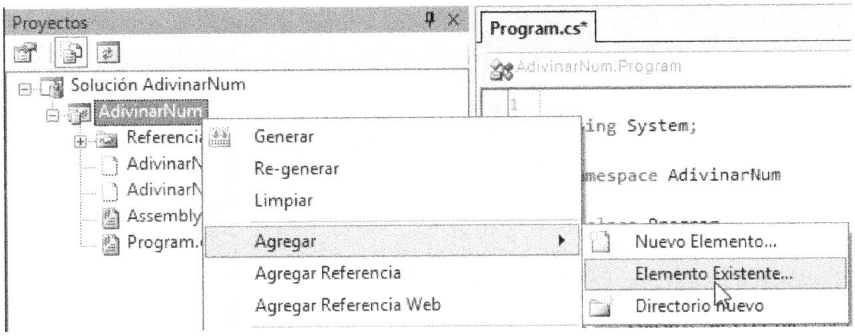

6.12 EJEMPLO 3

Realizar un programa que a través de un menú permita realizar las operaciones de *sumar*, *restar*, *multiplicar*, *dividir* y *salir*. Las operaciones constarán solamente de dos operandos. El menú será visualizado por un método sin argumentos que devolverá como resultado la opción elegida. La ejecución será de la forma siguiente:

```
        1. sumar
        2. restar
        3. multiplicar
        4. dividir
        5. salir

Seleccione la operación deseada: 1
Dato 1: 2,5
Dato 2: 3,2
Resultado = 5,7
```

La solución de este problema puede ser de la siguiente forma: creamos una nueva solución *Calculadora*. Automáticamente se crea el proyecto *Calculadora* con una clase *Program* que define el método **Main**. Cambiamos el nombre de esta clase para que ahora sea *MiAplicacion*. Añadimos al proyecto los siguientes nuevos elementos:

- La clase existente *Leer* del espacio de nombres *LeerDato* utilizada en el ejercicio anterior.

- Una nueva clase *Calculadora* con los atributos *m_operando1*, *m_operando2* y *m_resultado*, y los métodos *EstablecerOperandos*, *Resultado*, *menú*, *Sumar*, *Restar*, *Multiplicar* y *Dividir*.

Resumiendo, nuestro proyecto estará formado por los ficheros: *Leer.cs*, *CCalculadora.cs* y *MiAplicacion.cs*. Evidentemente usted podría abordar la solución desde otro punto de vista, pero este diseño le enseña, entre otras cosas, a dividir el problema en clases, lo que facilita la solución del problema y además permite reutilizar dichas clases para otros proyectos, como estamos haciendo con la clase *Leer*.

La clase *Leer* ya fue expuesta anteriormente. Pasemos entonces a escribir la clase *calculadora*. Esta puede ser así:

```
using System;

using LeerDato;

namespace Calculadora
{
  public class Calculadora
  {
    // Simulación de una calculadora
    private double m_operando1;
    private double m_operando2;
    private double m_resultado;

    public void EstablecerOperandos(double op1,
                                    double op2)
    {
      m_operando1 = op1;
      m_operando2 = op2;
    }

    public double Resultado()
    {
      return m_resultado;
    }
```

```
public int menú()
{
  int op = 0;
  bool correcto = false;
  do
  {
    Console.WriteLine("  1. sumar");
    Console.WriteLine("  2. restar");
    Console.WriteLine("  3. multiplicar");
    Console.WriteLine("  4. dividir");
    Console.WriteLine("  5. salir");
    Console.Write("\nSeleccione la operación deseada: ");
    do
    {
      correcto = Leer.DatoInt(ref op);
    }
    while (!correcto || op < 0 || op > 5);
  }
  while (op < 1 | op > 5);
  return op;
}

public double Sumar()
{
  m_resultado = m_operando1 + m_operando2;
  return m_resultado;
}

public double Restar()
{
  m_resultado = m_operando1 - m_operando2;
  return m_resultado;
}

public double Multiplicar()
{
  m_resultado = m_operando1 * m_operando2;
  return m_resultado;
}

public double Dividir()
{
```

```
        m_resultado = m_operando1 / m_operando2;
        return m_resultado;
      }
    }
}
```

Obsérvese que los métodos *Sumar*, *Restar*, *Multiplicar* y *Dividir*, además de almacenar en *m_resultado* el resultado de la operación que realizan, lo devuelven. Esto es sólo una cuestión de eficacia; de esta forma podremos emplear una llamada al método como argumento en cualquier operación.

A continuación escribimos la clase *MiAplicacion* para que utilizando un objeto *Calculadora* simule el trabajo con una calculadora. El método **Main** de esta clase primero solicitará la operación a realizar. Si la operación elegida no fue *salir*, solicitará los operandos *dato1* y *dato2*. Después realizará la operación elegida con los datos introducidos y mostrará el resultado. Las operaciones descritas formarán parte de un bucle infinito formado por una sentencia **while** con el fin de poder encadenar distintas operaciones.

```
using System;
using LeerDato;

namespace Calculadora
{
  class MiAplicacion
  {
    public static void Main(string[] args)
    {
      Calculadora MiCalculadora = new Calculadora();
      double dato1 = 0, dato2 = 0;
      int operación = 0;

      while (true)
      {
        operación = MiCalculadora.menú();

        if (operación != 5)
        {
          // Leer datos
          Console.Write("Dato 1: ");
          Leer.DatoDouble(ref dato1);
```

```
          Console.Write("Dato 2: ");
          Leer.DatoDouble(ref dato2);
          MiCalculadora.EstablecerOperandos(dato1, dato2);

          // Realizar la operación
          switch (operación)
          {
            case 1:
              MiCalculadora.Sumar();
              break;
            case 2:
              MiCalculadora.Restar();
              break;
            case 3:
              MiCalculadora.Multiplicar();
              break;
            case 4:
              MiCalculadora.Dividir();
              break;
          }
          // Escribir el resultado
          Console.WriteLine("Resultado = {0}\n",
                            MiCalculadora.Resultado());
        }
        else
        {
          break; // salir
        }
      }

      Console.Write("Pulse una tecla para continuar...");
      Console.ReadKey(true);
    }
  }
}
```

Capítulo 7

MATRICES Y ESTRUCTURAS

Piense por un momento: ¿cómo un programa podría almacenar en una variable en memoria las temperaturas medias de cada uno de los 365 días del año? La respuesta es en una variable de tipo matriz. Y ¿cómo un programa podría almacenar los datos más relevantes relativos a una persona? La respuesta es en una variable de un tipo definido por una estructura o por una clase. En este capítulo vamos a estudiar las matrices y las estructuras.

7.1 MATRICES

Una matriz es un conjunto de elementos contiguos, todos del mismo tipo, que comparten un nombre común, a los que se puede acceder por la posición (índice) que ocupa cada uno de ellos dentro de la matriz.

C# permite definir matrices de una o más dimensiones y de cualquier tipo de datos.

7.1.1 Declarar una matriz

La declaración de una matriz de una dimensión se hace de la forma siguiente:

```
tipo[] nombre;
```

donde *tipo* indica el tipo de los elementos de la matriz, que puede ser cualquier tipo primitivo o referenciado, y *nombre* es un identificador que nombra a la matriz. Los corchetes modifican la definición normal del identificador para que sea interpretado por el compilador como una matriz.

Las siguientes líneas de código son ejemplos de declaraciones de matrices:

```
int[] m;
float[] temperatura;
string[] nombre; // String es una clase de objetos
```

7.1.2 Crear una matriz

Después de haber declarado una matriz, el siguiente paso es crearla o construirla. Crear una matriz significa reservar la cantidad de memoria necesaria para contener todos sus elementos y asignar al nombre de la matriz una referencia a ese bloque. Esto puede expresarse genéricamente así:

```
nombre = new tipo[tamaño];
```

donde *nombre* es el nombre de la matriz previamente declarada, *tipo* es el tipo de los elementos de la matriz y *tamaño* es una expresión entera positiva menor o igual que la precisión de un **ulong**, que especifica el número de elementos.

El hecho de utilizar el operador **new** significa que *C# implementa las matrices como objetos*, por lo tanto serán tratadas como cualquier otro objeto.

Las siguientes líneas de código crean las matrices declaradas en el ejemplo anterior:

```
m = new int[10];
temperatura = new float[366];
nombre = new string[25];
```

La primera línea crea una matriz identificada por *m* con 10 elementos de tipo **int**; es decir, puede almacenar 10 valores enteros; el primer elemento es *m[0]* (se lee: *m sub-cero*), el segundo *m[1]*..., y el último *m[9]*. La segunda crea una matriz *temperatura* de 366 elementos de tipo **float**. Y la tercera crea una matriz *nombre* de 25 elementos, cada uno de los cuales puede referenciar a un objeto **String** (una cadena de caracteres). Una matriz de objetos es una matriz de referencias a dichos objetos.

Es bastante común declarar y crear la matriz utilizando una sola sentencia. Esto puede hacerse así:

```
tipo[] nombre = new tipo[ind_sup];
```

Las siguientes líneas de código declaran y crean las matrices expuestas en los ejemplos anteriores:

```
int[] m = new int[10];
float[] temperatura = new float[366];
string[] nombre = new string[25];
```

El tamaño de la matriz no es una constante, por lo tanto puede ser introducido desde el teclado justo antes de crear la matriz.

7.1.3 Iniciar una matriz

Los elementos de una matriz son iniciados por C# igual que sucede con cualquier otra variable. Si la matriz es numérica, sus elementos son iniciados a 0 y si no es numérica, a un valor análogo al 0; por ejemplo, los caracteres son iniciados al valor '\u0000', un elemento booleano a **false** y las referencias a objetos, a **null**.

Si deseamos iniciar una matriz con otros valores diferentes a los predeterminados, podremos hacerlo de la siguiente forma:

```
float[] temperatura = {10.2F, 12.3F, 3.4F, 14.5F, 16.7F};
string[] días_semana = {"lunes", "martes", "miércoles",
              "jueves", "viernes", "sábado", "domingo"};
```

Los ejemplos anteriores crean una matriz *temperatura* de tipo **float** con tantos elementos como valores se hayan especificado entre llaves y una matriz *días_semana* con siete elementos de tipo **string**.

7.1.4 Acceder a los elementos de una matriz

Para acceder al valor de un elemento de una matriz unidimensional se utiliza el nombre de la matriz seguido de un subíndice entre paréntesis, esto es, un elemento de una matriz no es más que una variable subindicada; por lo tanto, se puede utilizar exactamente igual que cualquier otra variable. Por ejemplo, en las operaciones que se muestran a continuación intervienen elementos de una matriz *m*:

```
int[] m = new int[100]; // matriz m con 100 elementos de
                        // índices 0 a 99
int k = 0;
int a = 0;
// ...
a = m[1] + m[99]; // m sub-uno más m sub-noventa y nueve
k = 50;
m[k]++;
m[k + 1] = m[k];
```

7.1.5 Ejemplo 1

Escribir un programa que lea la nota media obtenida por cada alumno de un determinado curso, las almacene en una matriz y dé como resultado:

1. Un listado de notas.
2. La nota media del curso.
3. El tanto por ciento de aprobados.
4. El tanto por ciento de suspendidos.

Para realizar este programa, en primer lugar crearemos una matriz *nota* con un número determinado de elementos solicitado a través del teclado. No se permitirá un número de elementos que sea cero o negativo. En este caso interesa que la matriz sea de tipo real, por ejemplo **double**, para que sus elementos puedan almacenar un valor con decimales. Después introduciremos los valores de las notas y los almacenaremos en la matriz. A continuación recorreremos secuencialmente todos los elementos de la matriz para visualizar las notas, sumarlas, contar los aprobados y contar los suspendidos. Todo esto nos exigirá definir un índice *i* para acceder a los elementos de la matriz, una variable *suma* para almacenar la suma total de todas las notas, un contador *aprobados* para almacenar el número de aprobados y un contador *suspendidos* para almacenar el número de suspendidos. Los valores que no sean enteros se visualizarán con dos decimales.

```
using System;
using LeerDato;
```

```
namespace MatrizUnidimensional
{
  class Program
  {
    public static void Main(string[] args)
    {
      int nAlumnos = 0;
      do
      {
        Console.Write("Número de elementos de la matriz: ");
        Leer.DatoInt(ref nAlumnos);
      }
      while (nAlumnos < 1);

      // Crear la matriz nota
      double[] nota = new double[nAlumnos];
      int i = 0; // subíndice

      Console.WriteLine("Introducir los valores de la matriz.");
      for (i = 0; i < nAlumnos; i++)
      {
        Console.Write("nota[" + i + "] = ");
        Leer.DatoDouble(ref nota[i]);
      }

      // Visualizar los elementos de la matriz, la nota
      // media y el % de aprobados y de suspendidos
      int aprobados = 0;
      int suspendidos = 0;
      double suma = 0;
      Console.WriteLine();
      for (i = 0; i < nAlumnos; i++)
      {
        // Visualizar nota
        Console.Write("Alumno {0:D}, nota: {1:F2}\n",
                      i+1, nota[i]);
        // Acumular la nota en suma
        suma += nota[i]; // equivale a: suma=suma+nota[i]
        // Incrementar el contador de aprobados o de
        // suspendidos
        if (nota[i] >= 5)
          aprobados++;
```

```
          else
            suspendidos++;
        }
        Console.Write("Nota media: {0:F2}\n",
                      suma/nAlumnos);
        Console.Write("Aprobados {0:F2} %\n",
                      aprobados*100/(double)nAlumnos);
        Console.Write("Suspendidos {0:F2} %\n",
                      suspendidos*100/(double)nAlumnos);

        Console.Write("Pulse una tecla para continuar...");
        Console.ReadKey(true);
      }
    }
}
```

La notación de formato *F2* en la llamada al método **WriteLine** indica que el valor correspondiente se mostrará en coma fija con dos decimales (véase el capítulo *Entrada y salida estándar*).

7.1.6 Matrices multidimensionales

La definición de una matriz de varias dimensiones puede hacerse de cualquiera de las dos formas siguientes:

```
tipo[,...] nombre_matriz = new tipo[expr-1,expr-2...];
```

donde *tipo* es un tipo primitivo o referenciado. El número de elementos de una matriz multidimensional es el producto de *expr-1* × *expr-2* ×... Por ejemplo, la línea de código siguiente crea una matriz de dos dimensiones con 2 × 3 = 6 elementos de tipo **int**; por lo tanto, se trata de una tabla de dos filas y tres columnas:

```
int[,] m = new int[2,3];
```

El primer elemento de la matriz *m* es *m[0,0]*, elemento que está en la fila 0 y columna 0, y el último es *m[1,2]*, elemento que está en la fila 1 y columna 2. Gráficamente puede imaginarse la matriz así:

matriz m

	col 0	col 1	col 2
fila 0	m_{00}	m_{01}	m_{02}
fila 1	m_{10}	m_{11}	m_{12}

7.1.7 Ejemplo 2

Escribir un programa que lea un conjunto de valores obtenidos de forma aleatoria, los almacene en una matriz de dos dimensiones y dé como resultado:

1. Un listado de todos los valores presentados en filas y columnas.
2. El valor máximo.

Para realizar este programa, en primer lugar crearemos una matriz de tipo **double** con un número determinado de filas y columnas. Después almacenaremos los valores en la matriz. A continuación recorreremos secuencialmente todos los elementos de la matriz por filas para visualizarlos y para obtener el valor máximo. Todo esto nos exigirá definir dos índices: *fila* y *col* para acceder a los elementos de la matriz y una variable *max* para almacenar el valor máximo. Los valores se visualizarán en un ancho de siete posiciones de las cuales dos serán decimales (*dd,dd*).

```
using System;

namespace MatrizMulti
{
  class Program
  {
    public static void Main(string[] args)
    {
      int filas = 5;
      int columnas = 10;
      double[,] matriz2d = new double[filas,columnas];
      int fila = 0;
      int col = 0;

      // Introducir los valores. Los calculamos
      // de forma aleatoria.
      System.Random rnd = new System.Random();
```

```
        for (fila = 0; fila < filas; fila++)
        {
          for (col = 0; col < columnas; col++)
          {
            matriz2d[fila,col] = rnd.NextDouble() * 100;
          }
        }
        // Mostrar los valores de la matriz y
        // su valor máximo
        double max = 0;
        max = matriz2d[0,0]; // valor máximo inicial
        for (fila = 0; fila < filas; fila++)
        {
          for (col = 0; col < columnas; col++)
          {
            // Mostrar el valor de la posición: fila, col
            Console.Write("{0,7:F2}", matriz2d[fila,col]);
            // Calcular el valor máximo
            if (matriz2d[fila,col] > max)
            {
              max = matriz2d[fila,col];
            }
          }
          Console.WriteLine();
        }
        // Mostrar el valor máximo
        Console.Write("Valor máximo: {0,7:F2}\n", max);

        Console.Write("Pulse una tecla para continuar...");
        Console.ReadKey(true);
      }
    }
}
```

Para calcular el valor máximo *max*, suponemos inicialmente que el primer valor de la matriz es el máximo (como si todos los valores fueran iguales). Después lo comparamos con el siguiente de la tabla y nos quedamos, en la variable *max*, con el mayor de los dos y así sucesivamente.

La notación de formato *{0, 7:F2}* en la llamada al método **WriteLine** indica que el valor correspondiente se mostrará en coma fija en un ancho de siete posiciones de las cuales dos serán decimales (*dd,dd*). Véase el capítulo *Entrada y salida estándar*.

7.1.8 Argumentos que son matrices

A un método se le puede pasar como argumento una matriz. Las matrices son siempre pasadas por referencia (véase el apartado *Pasando argumentos a los métodos* en el capítulo anterior). Por ejemplo:

```
public static void mult2(int[] matrizX)
{
  int i = 0;
  for (i = 0; i < matrizX.Length; i++)
   matrizX[i] *= 2;
}

public static void Main(string[] args)
{
  int[] a = {10, 20, 30, 40};
  mult2(a);
  for (int i = 0; i < a.Length; i++)
   Console.Write(a[i] + " ");
}
```

En el ejemplo anterior, el método **Main** invoca al método *mult2* pasándole como argumento una matriz de enteros *a*. Dicha matriz (en referencia a sus elementos) es pasada por referencia por tratarse de un objeto.

7.1.9 Ejemplo 3

Realizar un programa que permita almacenar en una matriz las temperaturas medias de cada uno de los días del año que se han dado en un determinado lugar geográfico. Para que el acceso a dichas temperaturas sea sencillo, utilizaremos una matriz de dos dimensiones: la primera se referirá a los meses y la segunda a los días del mes. Una vez almacenadas, el programa permitirá mostrar las temperaturas correspondientes a un determinado mes, así como la temperatura mínima y máxima en dicho mes.

La solución pasa por realizar los siguientes puntos:

- Definir la matriz temperaturas de dos dimensiones (meses y días por mes: máximo 31):

  ```
  double[,] temperatura = new double[13,32];
  ```

- Especificar los días de cada mes en otra matriz *dias_mes*:

  ```
  int[] dias_mes = {0, 31, 28, 31, 30, 31, 30, 31, 31,
                    30, 31, 30, 31};
  ```

- Introducir las temperaturas. Obsérvese que hay elementos de la matriz que no se utilizan porque todos los meses no tienen 31 días y porque, por facilidad de acceso a la temperatura de un día, los elementos de índice 0 no se utilizan.
- Solicitar el mes para el cual se desean mostrar las temperaturas.
- Mostrar las temperaturas del mes especificado.
- Calcular la temperatura mínima y máxima por medio de un método *MinMax*:

  ```
  public static void MinMax(int dias, double[] tmes,
    ref double min, ref double max)
  ```

  Parámetros: días del mes solicitado (*dias*), temperaturas de ese mes (*tmes*) y *min* y *max* para devolver los valores correspondientes a las temperaturas mínima y máxima solicitadas.

- Mostrar la temperatura mínima y máxima.

  Este programa puede escribirse así:

```
using System;
using LeerDato;
namespace Temperaturas
{
  class Program
  {
    public static void MinMax(int dias, double[] tmes,
                              ref double min, ref double max)
    {
      min = tmes[1]; // temperatura mínima
      max = tmes[1]; // temperatura máxima
      for (int d = 1; d <= dias; d++)
      {
```

```
      // Calcular las temperaturas mínima y máxima
      if (tmes[d] < min) min = tmes[d];
      if (tmes[d] > max) max = tmes[d];
    }
  }

  public static void Main(string[] args)
  {
    int[] dias_mes = {0, 31, 28, 31, 30, 31, 30, 31,
                         31, 30, 31, 30, 31};
    double[,] temperatura = new double[13,32];
    int m = 0, d = 0;

    // Introducir las temperaturas. Las calculamos
    // de forma aleatoria.
    Random rnd = new Random();
    for (m = 1; m <= 12; m++)
    {
      for (d = 1; d <= dias_mes[m]; d++)
      {
        temperatura[m,d] = rnd.NextDouble() * 40;
      }
    }

    // Para un determinado mes, mostrar las
    // temperaturas, su mínima y su máxima
    do
    {
      Console.Write("Temperaturas del mes: ");
      Leer.DatoInt(ref m);
    }
    while (m < 1 | m > 12);
    // Mostrar las temperaturas del mes m
    double[] tmes = new double[32];
    for (d = 1; d <= dias_mes[m]; d++)
    {
      Console.WriteLine("Día {0,2:D}: {1,5:F2} grados",
                        d, temperatura[m, d]);
      // Copiar las temperaturas para pasarlas al
      // método MinMax
      tmes[d] = temperatura[m, d];
    }
```

```
            // Calcular la temperatura mínima y máxima del mes m
            double tmin = 0, tmax = 0;
            MinMax(dias_mes[m], tmes, ref tmin, ref tmax);
            // Mostrar temperaturas mínima y máxima
            Console.Write("T. Min: {0,5:F2}\n", tmin);
            Console.Write("T. Máx: {0,5:F2}\n", tmax);

            Console.Write("Pulse una tecla para continuar...");
            Console.ReadKey(true);
        }
    }
}
```

7.2 EL TIPO ARRAY

El tipo **Array** sirve como clase base para todas las matrices. Proporciona métodos para la creación, manipulación, búsqueda y ordenación de matrices. Por ejemplo, la propiedad **Length** proporciona el número total de elementos de la matriz, el método **Sort** permite ordenar los elementos de la matriz, **Reverse** los invierte o el método **Clear** que pone a 0 todos los elementos de la matriz. Algunos ejemplos son:

```
double[] a = {55,50,45,40,35,30,25,20,15,10};
System.Array.Sort(a); // ordenar ascendentemente
foreach (double d in a)
{
  System.Console.WriteLine(d); // mostrar los elementos
}
System.Array.Reverse(a); // invertir todos los elementos
// ...
System.Array.Clear(a, 0, a.Length); // poner a 0 todos
```

7.3 EL TIPO STRING

Una variable de tipo **string** permite almacenar una cadena de caracteres y manipularla utilizando los métodos proporcionados por la clase **System.String** (alias **string**). A continuación vemos un ejemplo de cómo se puede utilizar:

```
string nombre, str;
```

```
nombre = "Francisco Javier";
str = nombre.Substring(0, 4);
System.Console.WriteLine(str); // resultado: Fran
```

Este ejemplo declara dos referencias a cadenas de caracteres: *nombre* y *str*. Después, asigna a *nombre* la cadena "Francisco Javier" y a *str* la subcadena formada por los 4 caracteres de *nombre* que hay desde el que está en la posición 0 (a partir de la posición 0, tomar 4 caracteres).

Si el contenido de una cadena de caracteres coincide con un valor numérico, se puede asignar la cadena de caracteres a una variable numérica. También es posible asignar un valor numérico a una cadena de caracteres. Por ejemplo:

```
float x = 0F, y = 0F;
string str = null;

y = 50.65F;
str = Convert.ToString(y); // str = "50.65"
x = Single.Parse(str);     // x = 50.65
```

La clase **Convert** proporciona métodos como, por ejemplo, **ToString** o **ToInt32**, para realizar conversiones hacia (**To**) el tipo especificado.

7.3.1 Matrices de cadenas de caracteres

C# proporciona las clases **String** y **StringBuilder** para hacer de las cadenas de caracteres objetos con sus atributos particulares, a los que se podrá acceder por los métodos de sus respectivas clases. Desde este nivel de abstracción el trabajo con matrices de cadenas de caracteres resultará mucho más sencillo. Un objeto **String**, a diferencia de un objeto **StringBuilder**, no es modificable.

Para ilustrar la forma de trabajar con matrices de cadenas de caracteres, vamos a escribir un programa que lea una lista de nombres y la almacene en una matriz de objetos **String**. Una vez construida la matriz, ordenaremos sus filas alfabéticamente y la visualizaremos.

La solución pasa por realizar los siguientes puntos:

- Definimos la matriz de objetos **String**:

```
string[] nombre = new string[nFilas];
```

Cada elemento de esta matriz será iniciado por C# con el valor **null**, indicando así que la matriz inicialmente no referencia a ningún objeto **String**; esto es, la matriz está vacía.

- Leemos las cadenas de caracteres. Para poder leer una cadena, utilizaremos el método **ReadLine**. Recuerde que este método devuelve una referencia a un objeto **String** que almacena la información leída; referencia que asignaremos al siguiente elemento vacío de la matriz *nombre*. Este proceso lo repetiremos para cada uno de los nombres que leamos. Recuerde también que si el método **ReadLine** intenta leer del teclado y se encuentra con que no hay caracteres para leer (esta situación se genera cuando ante una petición de introducir datos se pulsan las teclas *Ctrl+z*), retornará la constante **null**.

```
for (fila = 0; fila < nFilas; fila++)
{
  Console.Write("Nombre[" + fila + "]: ");
  // Leer una cadena y almacenarla en nombre[fila]
  nombre[fila] = Console.ReadLine();
  // Si se pulsó [Ctrl][z], salir del bucle
  if (nombre[fila] == null) break;
}
```

Gráficamente puede imaginarse el proceso descrito de acuerdo a la siguiente estructura de datos, aunque para trabajar resulte más fácil pensar en una matriz unidimensional cuyos elementos *nombre[0]*, *nombre[1]*, etc. sean cadenas de caracteres.

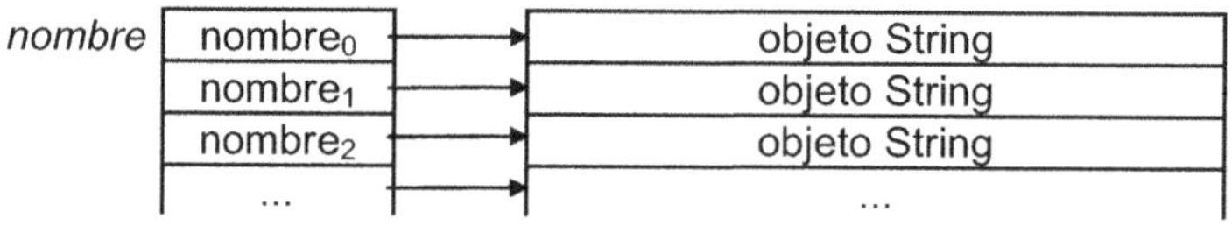

- Una vez leídos todos los nombres deseados, los ordenamos y los visualizamos si la respuesta a la petición de realizar este proceso es afirmativa.

El programa completo se muestra a continuación.

```
using System;
```

```
namespace Cadenas
{
  class Program
  {
    public static void Main(string[] args)
    {
      int nFilas = 0, fila = 0;

      // nFilas: número de filas de la matriz nombre
      // fila: índice 0, 1, 2... de la fila accedida
      do
      {
        Console.Write("Número de filas de la matriz:  ");
        nFilas = Convert.ToInt32(Console.ReadLine());
        // no permitir un valor cero o negativo
      }
      while (nFilas < 1);

      // Matriz "nombre" de cadenas de caracteres
      string[] nombre = new string[nFilas];

      Console.WriteLine("Escriba los nombres que desea introducir.");
      Console.WriteLine("Puede finalizar pulsando las teclas [Ctrl][z].");
      for (fila = 0; fila < nFilas; fila++)
      {
        Console.Write("Nombre[" + fila + "]: ");
        // Leer una cadena y almacenarla en nombre[fila]
        nombre[fila] = Console.ReadLine();
        // Si se pulsó [Ctrl][z], salir del bucle
        if (nombre[fila] == null) break;
      }
      Console.WriteLine();
      nFilas = fila; // número de filas leídas

      // Ordenar las cadenas de caracteres alfabéticamente
      Array.Sort(nombre, 0, nFilas);
      // Permitir mostrar las cadenas de caracteres
      char respuesta = '\0';
      do
      {
        Console.Write("¿Desea mostrar la lista? s/n (sí o no) ");
```

```
          respuesta = (char)Console.Read();
          Console.ReadLine(); // limpiar caracteres sobrantes
        }
        while (respuesta != 's' & respuesta != 'n');
        if (respuesta == 's')
        {
          // Visualizar la lista de nombres
          Console.WriteLine();
          for (fila = 0; fila < nFilas; fila++)
          {
            Console.WriteLine(nombre[fila]);
          }
        }

        Console.Write("Pulse una tecla para continuar...");
        Console.ReadKey(true);
      }
    }
  }
```

7.4 ESTRUCTURAS

Una estructura o registro es un nuevo tipo de datos definido por el usuario que puede ser manipulado de la misma forma que los tipos predefinidos. Representa un conjunto de datos de diferentes tipos evidentemente relacionados. Una estructura, a diferencia de una clase, es un tipo valor.

Para declarar un tipo estructura de datos hay que utilizar la palabra reservada **struct**. Dicha estructura puede ser declarada como un elemento de la clase o como un elemento del espacio de nombres; en este último caso, la estructura no puede declararse explícitamente como **private**, **public**, etc. Una estructura tampoco puede declararse dentro de un método. A continuación se muestra un ejemplo de cómo se declara una estructura:

```
private struct t_ficha
{
  public string nombre;
  public string dirección;
  public long teléfono;
  public long DNI;
}
```

Este ejemplo declara un tipo de datos denominado *t_ficha* que consta de cuatro miembros o campos, denominados *nombre*, *dirección*, *teléfono* y *DNI*.

Una vez declarado un tipo de datos, podemos definir variables de ese tipo, por ejemplo, así:

```
t_ficha alum;
```

Este ejemplo define la variable *alum* de tipo *t_ficha*. Esta variable está formada por los miembros *nombre*, *dirección*, *teléfono* y *DNI*.

Para referirse a un determinado miembro de una estructura se utiliza la notación *variable.miembro*. Por ejemplo:

```
alum.DNI = 111333444;
```

A su vez, un miembro de una estructura puede ser otra estructura. Por ejemplo, observe a continuación el miembro *fechaNacimiento*:

```
namespace estructuras
{
  struct t_fecha
  {
    public short día;
    public short mes;
    public short año;
  }

  struct t_ficha
  {
    public string nombre;
    public string dirección;
    public long teléfono;
    public long DNI;
    public t_fecha fechaNacimiento;
  }

  class Program
  {
    public static void Main(string[] args)
    {
```

```
        t_ficha alum1 = new t_ficha(); // iniciar alum1
        alum1.nombre = "Un nombre";
        // ...
        alum1.fechaNacimiento.día = 15;
        // ...
        t_ficha alum2 = alum1;
        //...
      }
    }
}
```

Puesto que el miembro *fechaNacimiento* es a su vez una estructura, para acceder a uno de sus miembros, por ejemplo a *día*, para una estructura *alum1* de tipo *t_ficha* escribiríamos según muestra el ejemplo anterior:

```
alum1.fechaNacimiento.día = 15;
```

También, una estructura previamente iniciada puede asignarse a otra estructura para copiarla. Por ejemplo:

```
alum2 = alum1; // alum1 debe de estar iniciada
```

Una estructura puede también contener miembros que sean matrices:

```
struct t_ficha
{
  public string nombre;
  public string dirección;
  public long teléfono;
  public long DNI;
  public t_fecha fechaNacimiento;
  public string[] asignatura; // referencia a una matriz
}
```

Para acceder a un elemento de un miembro que sea una matriz, por ejemplo al elemento de índice 0 del miembro *asignatura*, escribiríamos:

```
t_ficha alum1 = new t_ficha();
alum1.asignatura = new string[11];
alum1.asignatura[0] = "Informática I";
```

También es posible declarar una matriz de estructuras. Por ejemplo:

```
t_ficha[] alum = new t_ficha[100];
```

Este ejemplo define una matriz de 100 elementos, *alum[0]* a *alum[99]*, cada uno de los cuales es una estructura de tipo *t_ficha*. Para acceder a un miembro del elemento *i* de la matriz, por ejemplo a *nombre*, escribiríamos:

```
alum[i].nombre = "Fco. Javier";
```

7.4.1 Ejemplo 4

Realizar un programa que permita almacenar en una matriz una agenda de teléfonos. Cada elemento de la matriz será una estructura con dos miembros: *nombre* y *teléfono*. Una vez construida la agenda, el programa permitirá buscar un teléfono por el nombre o por alguna parte de éste.

La solución pasa por realizar los siguientes puntos:

- Definir la estructura *persona*:

```
struct tpersona
{
  public string nombre;
  public int teléfono;
}
```

- Definir la matriz *agenda*; será una matriz unidimensional:

```
int nElementos = 100;
tpersona[] agenda = new tpersona[nElementos];
```

- Introducir los datos de la agenda. La introducción de los datos finalizará cuando se complete la matriz o cuando a la solicitud de un nombre se responda pulsando las teclas *Ctrl+z*.

- Solicitar el nombre total o parcial de la persona cuyo teléfono queremos buscar. Por ejemplo, si la persona es "María Elena Sandoval" podríamos buscar por el nombre completo, por "Elena", por "Sando", etc. Para ello utilizaremos el método **IndexOf(***cadena***)** de **String**. Por ejemplo:

```
string str1 = "abcdefghijk";
string str2 = "ghi";
int i = 0;
i = str1.IndexOf(str2);
```

Devuelve el valor -1 si la cadena *str2* no se encuentra en la cadena *str1* o bien el índice (0, 1, 2...) de la primera ocurrencia de *str2* en *str1*. En el ejemplo, *i* tomaría el valor 6: índice de la *g* de *str2* en *str1*.

- Mostrar los datos nombre y teléfono si están en la agenda o un mensaje si no están, indicándolo.

Este programa utiliza la clase *Leer* del espacio de nombres *LeerDato* que desarrollamos en el capítulo 6, de ahí la directriz *using LeerDato* colocada al principio del programa. Haga una copia de la misma (Cap06\LeerDato\Leer.cs) y añádala al proyecto.

```
using System;
using LeerDato;
namespace Agenda
{
  struct tpersona
  {
    public string nombre;
    public int teléfono;
  }

  class Program
  {
    public static void Main(string[] args)
    {
      int nElementos = 100;
      tpersona[] agenda = new tpersona[nElementos];
      int i = 0; // índices 0 a 99

      for (i = 0; i < nElementos; i++)
      {
        Console.Write("Nombre: ");
        agenda[i].nombre = Console.ReadLine();
        // Si se pulsó [Ctrl][z], salir del bucle
        if (agenda[i].nombre == null) break;
        Console.Write("Teléfono: ");
        Leer.DatoInt(ref agenda[i].teléfono);
      }
      int elementos_en_la_agenda = i;

      string nombre = null;
      int r = -1;
```

```
      Console.Write("Nombre total o parcial a buscar: ");
      nombre = Console.ReadLine();
      // Buscar si "nombre" está en la agenda
      for (i = 0; i < elementos_en_la_agenda; i++)
      {
        r = agenda[i].nombre.IndexOf(nombre);
        if (r != -1) break;
      }
      if (r == -1)
        Console.WriteLine("No se encuentra en la agenda");
      else
        Console.WriteLine("El teléfono de {0} es {1}",
                 agenda[i].nombre, agenda[i].teléfono);

      Console.Write("Pulse una tecla para continuar...");
      Console.ReadKey(true);
    }
  }
}
```

Capítulo 8

FLUJOS

En el capítulo anterior hicimos un programa con la intención de construir una agenda, lo ejecutamos, almacenamos los datos nombre y teléfono de cada uno de los componentes de la agenda en una matriz, pero, nos dimos cuenta de que esos datos sólo estuvieron disponibles mientras el programa estuvo en ejecución. Esto es, cuando finalizábamos la ejecución del programa, los datos, lógicamente, se perdían. La solución para hacer que los datos persistan de una ejecución a otra es almacenarlos en un fichero en el disco en vez de en una matriz en memoria y esto es lo que vamos a estudiar en este capítulo. De esta forma, cada vez que se ejecute la aplicación que trabaja con esos datos, podrá leer del fichero los que necesite y manipularlos.

Pues bien, la comunicación entre el programa y el origen o el destino de la información que manipula el mismo se realiza mediante un *flujo* (en inglés *stream*). Esto es, un *flujo* es un objeto que hace de intermediario entre el programa y el origen o el destino de la información.

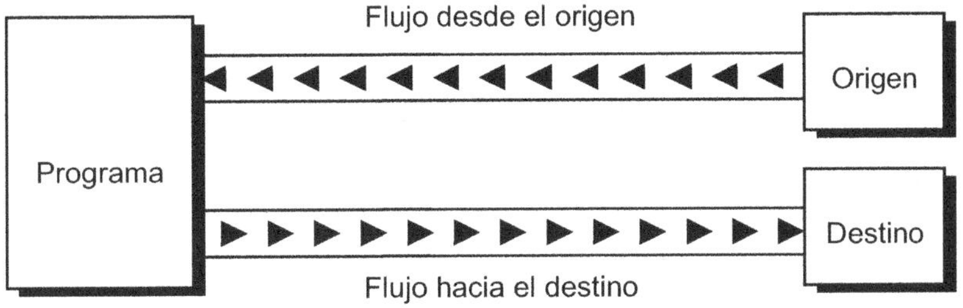

Esto es, el programa leerá o escribirá en el *flujo* sin importarle desde dónde viene la información o a dónde va y tampoco importa el tipo de los datos que se leen o escriben, detalles que se delegan en el *flujo*.

Según lo expuesto, se deduce que los algoritmos para leer y escribir datos son siempre más o menos los mismos:

Leer	Escribir

Abrir un flujo desde un origen
Mientras haya información
    Leer información
Cerrar el flujo
	Abrir un flujo hacia un destino
	Mientras haya información
	    Escribir información
	Cerrar el flujo

El espacio de nombres **System.IO** de la biblioteca .NET contiene una colección de clases que soportan estos algoritmos para leer y escribir. Por ejemplo, la clase **FileStream** permite escribir o leer datos de un fichero byte a byte (carácter a carácter); análogamente, las clases **StreamWriter** y **StreamReader**, respectivamente, permiten leer y escribir cadenas de caracteres; y las clases **BinaryReader** y **BinaryWriter** permiten leer y escribir datos de cualquier tipo primitivo en binario y cadenas de caracteres.

8.1 ESCRIBIR Y LEER CARACTERES

Para escribir caracteres byte a byte en un fichero utilizaremos un flujo de la clase **FileStream**. Como ejemplo, la siguiente aplicación, definida por la clase *EscribirCars. Program*, lee una línea de texto de la entrada estándar y la escribe en el fichero denominado *doc.txt*. La solución de este ejemplo pasa por realizar los siguientes puntos:

- Crear un flujo asociado con el fichero del disco donde deseamos almacenar la información. Esta operación abre el flujo (abre el fichero):

  ```
  FileStream fs = null;
  fs = new FileStream("doc.txt", FileMode.Create,
                                 FileAccess.Write);
  ```

  Obsérvese que el constructor de **FileStream** tiene tres parámetros: nombre del fichero, modo en el que se abre el fichero y tipo de acceso.

- Escribir la información en el fichero. Esto supone leer la cadena de caracteres del teclado utilizando **Read** y escribirlas en el flujo utilizando su método **Write**.

```
byte[] buffer = new byte[81];
int car = 0;
car = Console.Read();
// Leer
while (car != CR && nbytes < buffer.Length)
{
  buffer[nbytes] = Convert.ToByte(car);
  nbytes++;
  car = Console.Read();
}
// Escribir
fs.Write(buffer, 0, nbytes);
```

- Cerrar el flujo. Esto supone cerrar el fichero asociado con el flujo dando por finalizado el trabajo con el mismo.

```
fs.Close();
```

Cuando se crea un flujo, el parámetro *modo*, del tipo enumerado **FileMode**, puede tomar uno de los valores siguientes:

CreateNew Crear un nuevo fichero. Si el fichero existe se lanzará una excepción del tipo **IOException**.

Create Crear un nuevo fichero. Si el fichero existe será sobrescrito.

Open Abrir un fichero existente. Si el fichero no existe se lanzará una excepción del tipo **FileNotFoundException**.

OpenOrCreate Abrir un fichero si existe; si no, se crea un nuevo fichero.

Truncate Abrir un fichero existente. Una vez abierto, el fichero será truncado a cero bytes de longitud.

Append Abrir un fichero para añadir datos al final del mismo si existe, o crear un nuevo fichero si no existe.

Cuando se crea un flujo, el parámetro *acceso*, del tipo enumerado **FileAccess**, puede tomar uno de los valores siguientes:

Read Permite acceder al fichero para realizar operaciones de lectura.

ReadWrite Permite acceder al fichero para realizar operaciones de lectura y escritura.

Write Permite acceder al fichero para realizar operaciones de escritura.

El programa completo se muestra a continuación:

```
using System;
using System.IO;
namespace EscribirCars
{
  class Program
  {
    public static void Main(string[] args)
    {
      FileStream fs = null;
      byte[] buffer = new byte[81];
      int nbytes = 0, car = 0;
      const int CR = 13;

      try
      {
        // Crear un flujo hacia el fichero doc.txt
        fs = new FileStream("doc.txt", FileMode.Create,
                            FileAccess.Write);
        Console.WriteLine("Escriba el texto que desea" +
                          "almacenar en el fichero:");
        car = Console.Read();
        while (car != CR && nbytes < buffer.Length)
        {
          buffer[nbytes] = Convert.ToByte(car);
          nbytes++;
          car = Console.Read();
        }

        // Escribir la línea de texto en el fichero
        fs.Write(buffer, 0, nbytes);
      }
      catch (IOException e)
      {
        Console.WriteLine("Error: " + e.Message);
      }
      finally
      {
```

```
            if (! (fs == null)) fs.Close();
        }
        Console.Write("Pulse una tecla para continuar...");
        Console.ReadKey(true);
      }
    }
}
```

Cuando ejecute el programa observe que el fichero *doc.txt* se crea en la carpeta desde la que se ejecuta dicho programa. En nuestro caso se trata de la carpeta Cap08\EscribirCars\bin\Debug.

En la documentación de la biblioteca .NET puede observar que los métodos de **FileStream** pueden lanzar una excepción de la clase **IOException** si durante su ejecución ocurre algún error. Por eso hemos incluido esas operaciones en un bloque **try**, para poder atrapar esas excepciones en un bloque **catch** y notificar de lo ocurrido al usuario.

Es una buena costumbre cerrar un flujo cuando ya no se vaya a utilizar más, para lo cual se invocará a su método **close**.

Así mismo, se ha utilizado un bloque **finally** (hay que colocarlo a continuación de un bloque **try** o **catch** y siempre tiene que ser el último) para asegurarnos de que ocurra lo que ocurra el fichero se cerrará antes de finalizar el programa. Un bloque **finally** siempre se ejecuta justo antes de salir del método en ejecución que lo contiene.

Para leer caracteres byte a byte de un fichero utilizaremos también un flujo de la clase **FileStream**. Como ejemplo, la siguiente aplicación, definida por la clase *LeerCars.Program*, lee una línea de texto desde el fichero denominado *doc.txt* y la muestra en la salida estándar. La solución de este ejemplo pasa por realizar los siguientes puntos:

- Crear un flujo asociado con el fichero del disco del que deseamos leer la información. Esta operación abre el flujo (abre el fichero):

  ```
  FileStream fe = null;
  fe = new FileStream("doc.txt", FileMode.Open,
                                 FileAccess.Read);
  ```

- Leer la información del fichero. Esto supone leer la cadena de caracteres del flujo asociado con el fichero utilizando **Read** y escribirla, después de convertirla en un objeto **String**, en la salida estándar utilizando **WriteLine**.

```
nbytes = fe.Read(bBuffer, 0, 81);
// Crear un objeto String con el texto leído
Array.Copy(bBuffer, cBuffer, bBuffer.Length);
string str = new String(cBuffer, 0, nbytes);
```

- Cerrar el flujo. Esto supone cerrar el fichero asociado con el flujo dando por finalizado el trabajo con el mismo.

```
fe.Close();
```

El programa completo se muestra a continuación:

```
using System;
using System.IO;

namespace LeerCars
{
  class Program
  {
    public static void Main(string[] args)
    {
      FileStream fe = null;
      char[] cBuffer = new char[81];
      byte[] bBuffer = new byte[81];
      int nbytes = 0;

      try
      {
        // Crear un flujo desde el fichero doc.txt
        fe = new FileStream("doc.txt", FileMode.Open,
                            FileAccess.Read);
        // Leer del fichero una línea de texto
        nbytes = fe.Read(bBuffer, 0, 81);
        // Crear un objeto String con el texto leído
        Array.Copy(bBuffer, cBuffer, bBuffer.Length);
        string str = new String(cBuffer, 0, nbytes);
        // Mostrar el texto leído
        Console.WriteLine(str);
      }
      catch (IOException e)
      {
        Console.WriteLine("Error: " + e.Message);
      }
```

```
        finally
        {
          // Cerrar el fichero
          if (fe != null) fe.Close();
        }
        Console.Write("Pulse una tecla para continuar...");
        Console.ReadKey(true);
      }
    }
}
```

Antes de ejecutar este programa asegúrese de haber copiado el fichero *doc.txt* en la carpeta desde la que se ejecuta el programa. En nuestro caso se trata de la carpeta Cap08\LeerCars\bin\Debug.

8.2 ESCRIBIR Y LEER DATOS DE CUALQUIER TIPO

Para escribir datos de cualquier tipo primitivo en formato binario y cadenas de caracteres en un fichero utilizaremos un flujo de la clase **BinaryWriter**. Los métodos más utilizados de esta clase se resumen en la tabla siguiente:

Método/propiedad	*Descripción*
Write(Byte)	Escribe un valor de tipo **Byte**.
Write(Byte())	Escribe una matriz unidimensional de bytes.
Write(char)	Escribe un valor de tipo **char**.
Write(char())	Escribe una matriz unidimensional de caracteres.
Write(short)	Escribe un valor de tipo **short**.
Write(int)	Escribe un valor de tipo **int**.
Write(Long)	Escribe un valor de tipo **Long**.
Write(decimal)	Escribe un valor de tipo **decimal**.
Write(float)	Escribe un valor de tipo **float**.
Write(double)	Escribe un valor de tipo **double**.
Write(String)	Escribe una cadena de caracteres en formato UTF-8; el primer o los dos primeros bytes especifican el número de bytes de datos escritos a continuación.
BaseStream	Obtiene el flujo subyacente.
Close	Cierra el flujo y libera los recursos adquiridos.
Flush	Limpia el *buffer* asociado con el flujo.
Seek	Establece el puntero de L/E en el flujo.

Como ejemplo, la siguiente aplicación, definida por la clase *EscribirDatos.Program*, escribe un **string** y un **long** en el fichero denominado *datos.dat*. La solución de este ejemplo pasa por realizar los siguientes puntos:

- Crear un flujo asociado con el fichero del disco donde deseamos almacenar la información:

```
FileStream fs = null;
fs = new FileStream("datos.dat", FileMode.Create,
                    FileAccess.Write);
BinaryWriter bw = new BinaryWriter(fs);
```

  Un programa que quiera almacenar datos en el fichero *datos.dat* escribirá tales datos en el flujo *bw*, que a su vez está conectado al flujo *fs* abierto hacia ese fichero.

- Escribir la información en el fichero. Esto supone escribir los datos en el flujo **BinaryWriter** utilizando su método **Write**, que como se observa en la tabla anterior se puede utilizar para los diferentes tipos de datos.

```
bw.Write("un nombre"); // escribir un string
bw.Write(942334455L);  // escribir un long (L)
```

- Cerrar el flujo. Esto supone cerrar el fichero asociado con el flujo dando por finalizado el trabajo con el mismo.

```
bw.Close();
fs.Close();
```

  El programa completo se muestra a continuación:

```
using System;
using System.IO;

namespace EscribirDatos
{
  class Program
  {
    public static void Main(string[] args)
    {
      FileStream fs = null;
      fs = new FileStream("datos.dat", FileMode.Create,
                          FileAccess.Write);
      BinaryWriter bw = new BinaryWriter(fs);
```

```
        // Almacenar un string y un long en el fichero
        bw.Write("un nombre");
        bw.Write(942334455L);

        bw.Close();
        fs.Close();

        Console.Write("Pulse una tecla para continuar...");
        Console.ReadKey(true);
      }
    }
  }
```

Para leer datos de cualquier tipo primitivo en formato binario y cadenas de caracteres escritos en un fichero por medio de la clase **BinaryWriter** utilizaremos la clase **BinaryReader**. Los métodos más utilizados de esta clase se resumen en la tabla siguiente:

Método/propiedad	*Descripción*
ReadByte	Devuelve un valor de tipo **Byte**.
ReadBytes	Devuelve un valor de tipo **Byte()** (matriz de bytes).
Readchar	Devuelve un valor de tipo **char**.
Readchars	Devuelve un valor de tipo **char()** (matriz de caracteres).
ReadInt16	Devuelve un valor de tipo **short**.
ReadInt32	Devuelve un valor de tipo **int**.
ReadInt64	Devuelve un valor de tipo **Long**.
Readdecimal	Devuelve un valor de tipo **decimal**.
Readfloat	Devuelve un valor de tipo **float**.
Readdouble	Devuelve un valor de tipo **double**.
ReadString	Devuelve una cadena de caracteres en formato UTF-8; el primer o los dos primeros bytes especifican el número de bytes de datos que serán leídos a continuación.
BaseStream	Obtiene el flujo subyacente (*fs* en la figura anterior).
Close	Cierra el flujo y libera los recursos adquiridos.
Peekchar	Obtiene el siguiente carácter sin extraerlo.

Como ejemplo, la siguiente aplicación, definida por la clase *LeerDatos.Program*, lee un **string** y un **long** del fichero denominado *datos.dat*. La solución de este ejemplo pasa por realizar los siguientes puntos:

- Crear un flujo asociado con el fichero del disco del que deseamos leer la información:

```
FileStream fs = null;
fs = new FileStream("datos.dat", FileMode.Open,
                    FileAccess.Read);
BinaryReader br = new BinaryReader(fs);
```

  Un programa que quiera leer datos del fichero *datos.dat* leerá tales datos del flujo *br*, que a su vez está conectado al flujo *fs* abierto desde ese fichero.

- Leer la información del fichero. Esto supone leer los datos del flujo utilizando los métodos de **BinaryReader** correspondientes al tipo de los datos en el fichero, en el orden en el que fueron almacenados.

```
string nombre;
long teléfono;
nombre = br.ReadString();
teléfono = br.ReadInt64();
```

- Cerrar el flujo. Esto supone cerrar el fichero asociado con el flujo dando por finalizado el trabajo con el mismo.

```
br.Close();
fs.Close();
```

  El programa completo se muestra a continuación:

```
using System;
using System.IO;
namespace LeerDatos
{
  class Program
  {
    public static void Main(string[] args)
    {
      FileStream fs = null;
      fs = new FileStream("datos.dat", FileMode.Open,
                          FileAccess.Read);
      BinaryReader br = new BinaryReader(fs);

      // Leer un string y un long desde el fichero
      string nombre;
```

```
            long teléfono;
            nombre = br.ReadString();
            teléfono = br.ReadInt64();

            Console.WriteLine(nombre + ": " + teléfono);
            br.Close();
            fs.Close();

            Console.Write("Pulse una tecla para continuar...");
            Console.ReadKey(true);
        }
    }
}
```

Antes de ejecutar este programa asegúrese de haber copiado el fichero *datos.dat* en la carpeta desde la que se ejecuta el programa. En nuestro caso se trata de la carpeta Cap08\LeerDatos\bin\Debug.

8.3 ACCESO SECUENCIAL

Después de la teoría expuesta hasta ahora acerca del trabajo con ficheros, habrá observado que la metodología de trabajo se repite. Es decir, para escribir datos en un fichero:

- Definimos un flujo hacia el fichero en el que deseamos escribir datos.
- Tomamos datos (directamente, de un dispositivo de entrada o de otro fichero) y los escribimos en nuestro fichero utilizando los métodos proporcionados por la interfaz del flujo.
- Cerramos el flujo.

Para leer datos de un fichero existente:

- Abrimos un flujo desde el fichero del cual queremos leer los datos.
- Leemos los datos del fichero y los almacenamos en variables de nuestro programa con el fin de trabajar con ellos utilizando los métodos proporcionados por la interfaz del flujo.
- Cerramos el flujo.

Esto pone de manifiesto que un fichero no es más que un medio permanente de almacenamiento de datos, dejando esos datos disponibles para cualquier programa que necesite manipularlos. Lógicamente, los datos serán recuperados del fichero en el mismo orden y con el mismo formato con el que fueron escritos, de lo contrario los resultados serán inesperados. Es decir, si en el ejercicio siguiente los datos son guardados en el orden: una cadena y un **long**, tendrán que ser recuperados en este orden y con este mismo formato. Sería un error recuperar primero el **long** y después la cadena, o recuperar primero la cadena y después un **float**; etc.

8.3.1 Ejemplo 1

Como ejemplo, vamos a realizar una aplicación que lea de la entrada estándar grupos de datos (registros), definidos de la forma que se indica a continuación, y los almacene en un fichero.

```
string nombre;
int teléfono = 0;
```

Para ello, escribiremos una aplicación con una clase *CrearAgendaTfnos.Program* con dos métodos **static**: *CrearFichero* y **Main**:

```
using System;
using System.IO;
using LeerDato;
namespace CrearAgendaTfnos
{
  class Program
  {
    public static void CrearFichero(string fichero)
    {
      // Cuerpo del método
    }

    public static void Main(string[] args)
    {
      // Cuerpo del método
    }
  }
}
```

Este programa utiliza el método *DatoInt* de la clase *Leer* que desarrollamos en el *Ejemplo 1* del capítulo *Métodos*. Haga una copia de la misma (Cap06\LeerDato\Leer.cs) y añádalo a este proyecto igual que lo hizo allí.

El método *CrearFichero* recibe como parámetro un objeto **string** que almacena el nombre del fichero que se desea crear y realiza las tareas siguientes:

- Crea un flujo hacia el fichero especificado por el objeto **string**, que permite escribir datos de tipos primitivos y cadenas de caracteres.
- Lee grupos de datos *nombre* y *teléfono* de la entrada estándar y los escribe en el fichero.
- Si durante su ejecución, él o alguno de los métodos invocados por él lanza una excepción no atrapada por ellos, será atrapada por el método que le invocó, en nuestro caso por **Main** (ver el apartado *try ... catch* en el capítulo 5).

Según lo expuesto, el método *CrearFichero* puede escribirse así:

```
public static void CrearFichero(string fichero)
{
  BinaryWriter bw =null; // flujo para escribir
  char resp = '\0';
  try
  {
    // Crear un flujo hacia el fichero que permita
    // escribir datos de tipos primitivos y cadenas
    // de caracteres.
    bw = new BinaryWriter(new FileStream(fichero,
               FileMode.Create, FileAccess.Write));

    // Declarar los datos a escribir en el fichero.
    string nombre;
    int teléfono = 0;

    // Leer datos de la entrada estándar y
    // escribirlos en el fichero.
    do
    {
      Console.Write("nombre:    ");
      nombre = Console.ReadLine();
      Console.Write("teléfono:  ");
      Leer.DatoInt(ref teléfono);
      // Almacenar un nombre y un teléfono
      // (un registro) en el fichero.
```

```
        bw.Write(nombre);
        bw.Write(teléfono);
        Console.Write("¿desea escribir otro registro? (s/n) ");
        resp = Convert.ToChar(Console.Read());
        // Eliminar los caracteres sobrantes en el
        // flujo de entrada.
        Console.ReadLine();
      }
      while (resp == 's');
    }
    finally
    {
      // Cerrar el flujo
      if (! (bw == null)) bw.Close();
    }
  }
```

El método **Main** realiza las tareas siguientes:

- Obtiene el nombre del fichero de la entrada estándar.
- Invoca al método *CrearFichero* pasando como argumento el objeto **String** que almacena el nombre del fichero.

Según lo expuesto, el método **Main** puede escribirse así:

```
public static void Main(string[] args)
{
  string nombreFichero;

  try
  {
    // Obtener el nombre del fichero
    Console.Write("Nombre del fichero: ");
    nombreFichero = Console.ReadLine();
    CrearFichero(nombreFichero);
  }
  catch (Exception e)
  {
    Console.WriteLine("Error: " + e.Message);
  }
```

```
    Console.Write("Pulse una tecla para continuar...");
    Console.ReadKey(true);
}
```

8.3.2 Ejemplo 2

Para leer el fichero creado por la aplicación anterior, vamos a escribir otra aplicación con una clase *MostrarAgendaTfnos.Program* compuesta por dos métodos: *MostrarFichero* y **Main**:

```
using System;
using System.IO;
namespace MostrarAgendaTfnos
{
  class Program
  {
    public static void MostrarFichero(string fichero)
    {
      // Cuerpo del método
    }

    public static void Main(string[] args)
    {
      // Cuerpo del método
    }
  }
}
```

El método *MostrarFichero* recibe como parámetro un objeto **string** que almacena el nombre del fichero que se desea leer y realiza las tareas siguientes:

- Crea un flujo desde el fichero que permite leer datos de tipos primitivos y cadenas de caracteres.
- Lee un grupo de datos *nombre* y *teléfono* desde el fichero y los muestra. Cuando se alcance el final del fichero el método utilizado para leer lanzará una excepción del tipo **EndOfStreamException**, instante en el que finalizará la ejecución de este método.
- Si durante su ejecución alguno de los métodos invocados lanza una excepción, este método no la atrapará, dejando esta labor a algún método en la pila de llamadas (en nuestro caso, al método **Main**).

El método **Main** recibe como parámetro el nombre del fichero que se desea leer y realiza las tareas siguientes:

- Obtiene el nombre del fichero de la entrada estándar.
- Invoca al método *MostrarFichero* pasando como argumento el nombre del fichero cuyo contenido se desea visualizar.

Según lo expuesto, la aplicación *MostrarAgendaTfnos.Program* puede escribirse así:

```
using System;
using System.IO;

namespace MostrarAgendaTfnos
{
  class Program
  {
    public static void MostrarFichero(string fichero)
    {
      BinaryReader br = null;
      try
      {
        // Abrir un flujo para leer del fichero
        br = new BinaryReader(new FileStream(fichero,
                   FileMode.Open, FileAccess.Read));

        // Declarar los datos a leer desde el fichero
        string nombre;
        int teléfono;
        do
        {
          // Leer un nombre y un teléfono (un registro)
          // desde el fichero. Cuando se alcance el
          // final del fichero el método utilizado para
          // leer lanzará una excepción del tipo:
          // EndOfStreamException.
          nombre = br.ReadString();
          teléfono = br.ReadInt32();

          // Mostrar los datos nombre y teléfono
          Console.WriteLine(nombre);
          Console.WriteLine(teléfono);
```

```
          Console.WriteLine();
        }
        while (true);
      }
      catch (EndOfStreamException e)
      {
        Console.WriteLine("Fin del listado");
      }
      finally
      {
        // Cerrar el flujo
        if (! (br == null)) br.Close();
      }
    }

    public static void Main(string[] args)
    {
      try
      {
        // Obtener el nombre del fichero
        Console.Write("Nombre del fichero: ");
        string nombreFichero = Console.ReadLine();
        MostrarFichero(nombreFichero);
      }
      catch (Exception e)
      {
        Console.WriteLine("Error: " + e.Message);
      }

      Console.Write("Pulse una tecla para continuar...");
      Console.ReadKey(true);
    }
  }
}
```

Antes de ejecutar este programa asegúrese de haber copiado el fichero que creó anteriormente en la carpeta desde la que se ejecuta dicho programa. En nuestro caso se trata de la carpeta Cap08\MostrarAgendaTfnos\bin\-Debug.

Lo mismo que hemos mostrado los registros leídos los podíamos haber almacenado en una matriz de estructuras.

Capítulo 9

CONTROLES MÁS COMUNES

En el capítulo 1 vimos cómo crear una aplicación de consola y en el 2, cómo crear una aplicación que muestre una interfaz gráfica al usuario. A continuación, en los capítulos siguientes, estudiamos el lenguaje C# y el desarrollo de aplicaciones básicas con este lenguaje ilustrando este estudio con diversas aplicaciones de consola. Pues bien, en este capítulo estudiaremos cómo realizar esas aplicaciones para que ahora muestren una interfaz gráfica en lugar de una pantalla de texto. Por lo tanto, quizás necesite leer otra vez el capítulo 2: *Interfaces Gráficas*.

En ese capítulo 2 vimos que los pasos para desarrollar una aplicación Windows son:

1. Crear un nuevo proyecto (una nueva solución) utilizando la plantilla *Aplicación Windows*. El EDI mostrará una página de diseño con un formulario vacío por omisión.
2. Dibujar los controles sobre el formulario. Los controles serán tomados de una caja de herramientas.
3. Definir las propiedades del formulario y de los controles.
4. Escribir el código para controlar los eventos que consideremos de cada uno de los objetos.
5. Guardar, compilar y ejecutar la aplicación.

9.1 ETIQUETAS, CAJAS DE TEXTO Y BOTONES

En el capítulo *Métodos* hicimos un programa que a través de un menú permitía realizar las operaciones de sumar, restar, multiplicar y dividir. Vamos a realizar este mismo ejercicio implementando ahora una aplicación que muestre una interfaz gráfica como la siguiente:

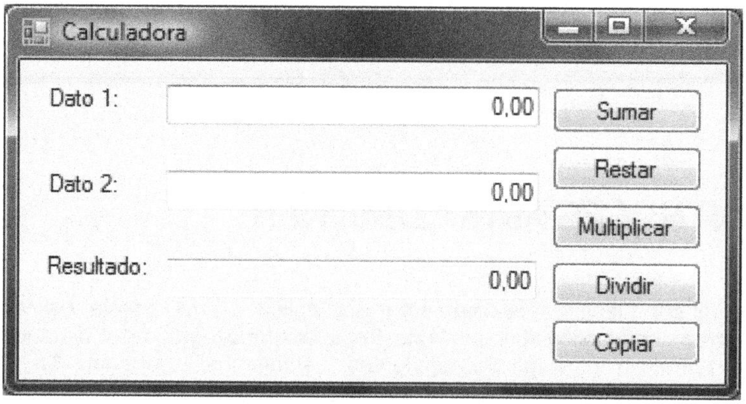

Empiece por crear un nuevo proyecto según explicamos en el capítulo *Interfaces Gráficas*. Después coloque sobre el formulario los controles que ve en la figura anterior y que se especifican en la tabla siguiente:

Objeto	**Propiedad**	**Valor**
Label	Name Text	etDato1 Dato 1:
Label	Name Text	etDato2 Dato 2:
Label	Name Text	etResultado Resultado:
TextBox	Name Text TextAlign	ctDato1 0,00 Right
TextBox	Name Text TextAlign	ctDato2 0,00 Right

TextBox	Name Text TextAlign ReadOnly	ctResultado 0,00 Right True
Button	Name Text	btSumar Sumar
Button	Name Text	btRestar Restar
Button	Name Text	btMultiplicar Multiplicar
Button	Name Text	btDividir Dividir
Button	Name Text	btCopiar Copiar

Para que el formulario no se pueda maximizar asigne a su propiedad **MaximizeBox** el valor **False**.

Una vez construida la interfaz gráfica tenemos que escribir el código que responda a cada una de las acciones que el usuario pueda realizar sobre la interfaz, así como el código que prevenga de las malas acciones que el usuario pueda realizar, como escribir como *dato 1* una cadena de letras en lugar de un número, dato que no se podría utilizar para hacer una operación aritmética de las previstas.

Según lo expuesto, ¿qué haría un usuario después de arrancar la aplicación?

1. Introduciría los datos: *Dato 1* y *Dato 2*.

2. Y haría clic en el botón correspondiente a la operación a realizar para ver el resultado. El botón *Copiar* copia el contenido de la caja etiquetada como *Resultado* en la caja etiquetada como *Dato 1*; es una forma de utilizar el resultado para la siguiente operación.

¿Cómo verificamos que el dato introducido es válido? El contenido de una caja de texto (**TextBox**) es un **String**, por lo tanto, para realizar una operación aritmética con ese contenido, tendremos que obtenerlo de la caja y convertirlo a un **double**, por ejemplo. Esto se puede hacer así:

```
dato1 = Convert.ToDouble(ctDato1.Text);
```

Defina la variable *dato1* así como *dato2* y *resu* como atributos privados de la clase *MainForm* para que estén accesibles para todos sus métodos:

```
public partial class MainForm : Form
{
  private double dato1, dato2, resu;
```

La clase **Convert** proporciona una serie completa de métodos para todas las conversiones que sean compatibles. En este caso, si lo que hay en la caja de texto no se corresponde con un número con o sin decimales, la conversión no se podría realizar y el método **ToDouble** lanzaría una excepción que podríamos tratar, como veremos a continuación. O sea, que es el método **ToDouble** el que nos indicará si el dato introducido es o no válido en función de que pueda o no realizar la conversión.

Pero, ¿dónde hacemos esa operación de conversión? Un lugar adecuado puede ser en el método que responda al evento **Validating** de la caja de texto. Este evento se produce cuando el control, en este caso la caja de texto, pierde el foco (porque el usuario pulsó la tecla *Tab*, hizo clic con el ratón en otro control, etc.). Vamos a añadir entonces este método (ver el apartado *Escribir los controladores de eventos* del capítulo *Interfaces Gráficas*). Para ello, seleccione la caja de texto *ctDato1* en la ventana de diseño, vaya a la ventana de propiedades y muestre la lista de eventos para el control seleccionado, haciendo clic en el botón *Eventos*:

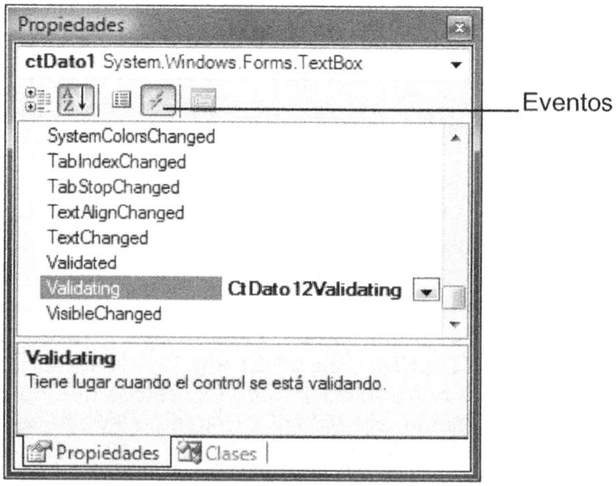

Haga clic en el evento **Validating**, escriba en la caja de la derecha el nombre del método que responderá a este evento, en nuestro caso *CtDato12Validating*, y pulse *Entrar*.

El resultado es que se añade a la clase *MainForm* un manejador para este evento especificado por la línea siguiente (puede verlo en el fichero *MainForm.Designer.cs*):

```
this.ctDato1.Validating +=
  new System.ComponentModel.CancelEventHandler(
    this.CtDato12Validating);
```

La interpretación de esta línea de código es: el método *CtDato12Validating* del formulario (`this`: es el formulario actual, *MainForm*) será el manejador (`EventHandler`) para el evento **Validating** del control *ctDato1* (`ctDato1.Validating`) de dicho formulario (`this`).

También se añadió el esqueleto del método *CtDato12Validating* (fichero *MainForm.cs*), al que nos hemos referido en el párrafo anterior, que responderá a dicho evento; esto es, que se ejecutará cuando se genere dicho evento. Dicho método lo completaremos como se indica a continuación:

```
void CtDato12Validating(object sender,
  System.ComponentModel.CancelEventArgs e)
{
  TextBox ct = (TextBox)sender; // es la caja de texto
  try
  {
    dato1 = Convert.ToDouble(ctDato1.Text);
  }
  catch (Exception ex)
  {
    e.Cancel = true;
    ct.SelectAll();
    MessageBox.Show("El dato no es válido");
  }
}
```

Para capturar la excepción que puede lanzar el método **ToDouble**, si el contenido *ctDato1.Text* de esta caja de texto no se puede convertir en un dato de tipo **double**, se ha encerrado la llamada a este método en un bloque **try** para escribir a continuación el bloque **catch** que la atrapará, instante en el que se ejecuta el contenido de este bloque. En este caso, se cancela el evento y se devuelve el foco a la caja de texto seleccionando su contenido; esto es lo que hacen las sentencias:

```
e.Cancel = true; // cancelar el evento
ct.SelectAll();  // seleccionar el contenido de la caja
```

Después se muestra una ventana con el mensaje "El dato no es válido" invocando al método **Show** de **MessageBox**. Esto es:

```
MessageBox.Show("El dato no es válido");
```

Las acciones descritas obligarían al usuario a introducir un dato válido en la caja de texto actual. Pruébelo.

Proceda de la misma forma con la caja de texto *ctDato2*. En este caso, haga que el método que responda a su evento **Validating** sea el mismo método anterior. Su parámetro *sender* hace referencia a la caja de texto, *ctDato1* o *ctDato2*, sobre la que el usuario actuó. Ahora modifique el método anterior como se indica a continuación:

```
void CtDato12Validating(object sender,
  System.ComponentModel.CancelEventArgs e)
{
  TextBox ct = (TextBox)sender; // es la caja de texto
  try
  {
    if (ct == ctDato1)
      dato1 = Convert.ToDouble(ctDato1.Text);
    if (ct == ctDato2)
      dato2 = Convert.ToDouble(ctDato2.Text);
  }
  catch (Exception ex)
  {
    e.Cancel = true;
    ct.SelectAll();
    MessageBox.Show("El dato no es válido");
  }
}
```

También podría haber escrito dos métodos como el primero, uno para *ctDato1* y otro para *ctDato2*.

Una vez introducidos y validados los datos, el usuario realizará la operación por él requerida haciendo clic en el botón correspondiente. Según esto tendremos que añadir los métodos que respondan al evento **Click** de cada uno de los botones. Empecemos entonces por el botón *Sumar*. Diríjase a la ventana de diseño y haga doble clic sobre él. Se añadirá a la clase *MainForm* el método *BtSumarClick*; edítelo como se indica a continuación:

```
void BtSumarClick(object sender, EventArgs e)
{
  resu = dato1 + dato2;
  ctResultado.Text = string.Format("{0:F2}", resu);
}
```

Este método realiza la suma de *dato1* y *dato2*, almacena el resultado en *resu* y utilizando el método **Format** de la clase **String** convierte el dato de tipo **double** *resu* en una cadena de caracteres de acuerdo al formato especificado (ver el apartado *Salida con formato* en el capítulo *Entrada y salida estándar*), que muestra en la caja de texto *ctResultado*.

A continuación proceda de forma análoga con los botones *BtRestar*, *BtMultiplicar* y *BtDividir*. El resultado se muestra a continuación:

```
void BtRestarClick(object sender, EventArgs e)
{
  resu = dato1 - dato2;
  ctResultado.Text = string.Format("{0:F2}", resu);
}

void BtMultiplicarClick(object sender, EventArgs e)
{
  resu = dato1 * dato2;
  ctResultado.Text = string.Format("{0:F2}", resu);
}

void BtDividirClick(object sender, EventArgs e)
{
  resu = dato1 / dato2;
  ctResultado.Text = string.Format("{0:F2}", resu);
}
```

El botón *Copiar* tiene que copiar el contenido de la caja etiquetada como *Resultado* en la caja etiquetada como *Dato 1*. Como el dato ya está validado y esta acción no genera el evento **Validating**, tendremos que actualizar la variable *dato1* con este valor. El resultado se muestra a continuación:

```
void BtCopiarClick(object sender, EventArgs e)
{
  ctDato1.Text = ctResultado.Text;
  dato1 = resu;
}
```

La aplicación está finalizada. Pruebe ahora su funcionamiento.

9.2 CONTROLES DE OPCIÓN Y BARRAS DE DESPLAZAMIENTO

Los controles de opción permiten especificar si una determinada opción está activada o desactivada. Dentro de estos distinguimos las *casillas de verificación* y los *botones de opción.*

Una casilla de verificación (☑) es un objeto de la clase **CheckBox**. Este control se utiliza para dar al usuario una opción del tipo verdadero, si está señalada, o falso, si no lo está. Para obtener o establecer su valor hay que hacerlo a través de su propiedad **Checked**. El número de opciones representadas de esta forma puede ser cualquiera, y de ellas el usuario *puede seleccionar todas las que desee*. Un clic sobre este control cambia su estado y genera el evento **CheckedChanged**.

Un botón de opción (⦿) es un objeto de la clase **RadioButton**. Este control se utiliza para dar al usuario una opción entre varias. Igual que sucede con una casilla de verificación, para obtener o establecer su valor hay que hacerlo a través de su propiedad **Checked**. El número de opciones representadas de esta forma puede ser cualquiera y de ellas el usuario *sólo puede seleccionar una cada vez*. Un clic sobre este control cambia su estado y genera el evento **CheckedChanged**.

Una barra de desplazamiento horizontal es un objeto de la clase **HScrollBar** y una vertical es un objeto de la clase **VScrollBar**. Las propiedades **Minimum** y **Maximum** determinan el intervalo de valores enteros que el usuario puede seleccionar y la propiedad **Value** se corresponde con un valor numérico que representa la posición actual del cuadro de desplazamiento entre el mínimo y el máximo. Para ajustar los desplazamientos sobre la barra del cuadro de desplazamiento, hay que establecer las propiedades

SmallChange, para los desplazamientos cortos (cuando se hace clic en los extremos de la barra), y **LargeChange**, para los desplazamientos largos (cuando se hace clic entre el cuadrado de desplazamiento y los extremos de la barra). Cuando se modifica el valor de la propiedad **Value**, esto es, cuando se desplaza el cuadrado de desplazamiento, este control genera un evento **ValueChanged**. Alternativamente a este control puede utilizar este otro: **TrackBar**.

Como ejemplo, vamos a realizar una aplicación que muestre una interfaz gráfica como la siguiente:

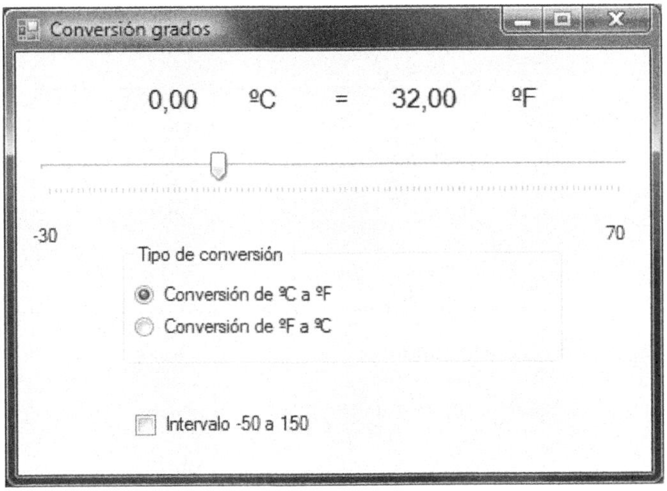

Se trata de una aplicación para convertir grados centígrados a Fahrenheit, y viceversa. El número de grados a convertir será proporcionado por una barra de desplazamiento horizontal (la posición de su cursor dará ese valor entre un mínimo y un máximo). Dos botones de opción permitirán seleccionar el tipo de conversión (el predeterminado es de grados centígrados a Fahrenheit) y una casilla de verificación permitirá ampliar el intervalo de grados entre los que se puede elegir un valor (el intervalo predeterminado es -30 a 70). Los desplazamientos cortos de la barra de desplazamiento serán de una unidad y los largos de diez unidades. El valor proporcionado por la barra de desplazamiento se corresponderá con grados centígrados o Fahrenheit, dependiendo del tipo de conversión. El resultado se mostrará a través de dos etiquetas situadas en la parte superior del formulario.

Empiece por crear un nuevo proyecto según explicamos anteriormente. Después coloque sobre el formulario los controles que ve en la figura anterior y que se especifican en la tabla siguiente:

Objeto	**Propiedad**	**Valor**
Label	Name Text TextAlign Font Size	etGradosC 0,00 MiddleCenter 12
Label	Name Text TextAlign Font Size	label1 °C = MiddleCenter 12
Label	Name Text TextAlign Font Size	etGradosF 32,00 MiddleCenter 12
Label	Name Text TextAlign Font Size	label2 °F MiddleCenter 12
TrackBar	Name Minimum Maximum SmallChange LargeChange	bdGrados -30 70 1 10
Label	Name Text	etInf -30
Label	Name Text	etSup 70
GroupBox	Name Text	groupBox1 Tipo de conversión
RadioButton	Name Text Checked	rbCaF Conversión de °C a °F True
RadioButton	Name Text	rbFaC Conversión de °F a °C
CheckBox	Name Text	cvIntervalo Intervalo -50 a 150

Para que el formulario no se pueda maximizar asigne a su propiedad **MaximizeBox** el valor **False**. Y a través de su propiedad **Text** establezca el título que desee.

Una vez construida la interfaz gráfica tenemos que escribir el código que responda a cada una de las acciones que el usuario pueda realizar sobre la misma. Según lo enunciado, ¿qué haría un usuario después de arrancar la aplicación? Establecería el tipo de conversión, el intervalo (si procede) y desplazaría el cuadrado de desplazamiento de la barra de desplazamiento para seleccionar el valor deseado.

¿Cómo se realiza la conversión? Aplicando las fórmulas siguientes:

```
// Si la conversión es de ºC a ºF ...
grados = bdGrados.Value * 9.0 / 5.0 + 32.0;

// Si la conversión es de ºF a ºC ...
grados = (bdGrados.Value - 32.0) * 5.0 / 9.0;
```

Pero, ¿dónde hacemos esa operación de conversión? Un lugar adecuado puede ser en el método que responda al evento **ValueChanged** del control de desplazamiento. Este evento se produce cada vez que el valor del control cambia porque el usuario desplazó el cursor deslizante del mismo. Vamos a añadir entonces este método. Para ello, seleccione el control *bdGrados* en la ventana de diseño, vaya a la ventana de propiedades y muestre la lista de eventos para el control seleccionado, haciendo clic en el botón *Eventos*.

Haga doble clic en el evento **ValueChanged** y observe que se añade el método que responderá a este evento, en nuestro caso *BdGradosValueChanged*. ¿Qué tiene que hacer este método? Convertir el valor seleccionado en el control de desplazamiento, *bdGrados.Value*, a grados Fahrenheit, si está seleccionado el botón de opción *rbCaF*, o a grados centígrados, si está seleccionado el botón de opción *rbFaC*, y mostrar ambos valores, grados centígrados y Fahrenheit, en las etiquetas *etGradosC* y *etGradosF* correspondientes.

Según lo expuesto, complete el método *BdGradosValueChanged* así:

```
void BdGradosValueChanged(object sender, EventArgs e)
{
  double grados = 0;
  // Si la conversión es de ºC a ºF ...
```

```
    if (rbCaF.Checked == true)
    {
      grados = bdGrados.Value * 9.0 / 5.0 + 32.0;
      // Mostrar el resultado redondeado a dos decimales
      etGradosF.Text = string.Format("{0:F2}", grados);
      etGradosC.Text = string.Format("{0:F2}",
                                     bdGrados.Value);
    }
    // Si la conversión es de ºF a ºC ...
    if (rbFaC.Checked == true)
    {
      grados = (bdGrados.Value - 32.0) * 5.0 / 9.0;
      // Mostrar el resultado redondeado a dos decimales
      etGradosC.Text = string.Format("{0:F2}", grados);
      etGradosF.Text = string.Format("{0:F2}",
                                     bdGrados.Value);
    }
  }
```

La casilla de verificación *cvIntervalo*, cuando se seleccione tiene que modificar el intervalo predeterminado "-30 a 70" a "-50 a 150", así como las etiquetas *etInf* y *etSup* que muestran estos valores, y volver a los valores que definen el intervalo predeterminado cuando no esté seleccionada. Todo este trabajo será realizado por el método que responda al evento **CheckedChanged** de este control que se produce cada vez que la casilla de verificación cambia de estado. Por lo tanto, añada este método, igual que lo ha hecho anteriormente para otros eventos, y edítelo como se indica a continuación:

```
void CvIntervaloCheckedChanged(object sender, EventArgs e)
{
  if (cvIntervalo.Checked == true)
  {
    bdGrados.Minimum = -50;
    bdGrados.Maximum = 150;
    etInf.Text = "-50";
    etSup.Text = "150";
  }
  else
  {
    bdGrados.Minimum = -30;
    bdGrados.Maximum = 70;
```

```
        etInf.Text = "-30";
        etSup.Text = "70";
    }
}
```

La aplicación está finalizada. Pruebe ahora su funcionamiento.

9.3 LISTAS

Una lista fija es un objeto de la clase **ListBox** y una lista desplegable es un objeto de la clase **ComboBox**. Se puede utilizar este control para mostrar una lista de elementos con el fin de que el usuario los seleccione haciendo clic sobre ellos.

La propiedad **Items** de un control **ListBox** contiene todos los elementos de la lista. Para añadir elementos a la colección **Items** durante la ejecución, se puede utilizar el método **Add** que permite añadir un elemento cada vez.

La propiedad **SelectedIndex** permite acceder al índice (a partir de 0) del elemento actualmente seleccionado en la lista y la propiedad **SelectedItem** es una referencia a este elemento. Precisamente, cuando seleccionamos un elemento de la lista, se modifica su propiedad **SelectedIndex** para almacenar el índice del nuevo elemento seleccionado y esto hace que se produzca el evento **SelectedIndexChanged**. Cuando no hay ningún elemento seleccionado, la propiedad **SelectedIndex** vale -1.

Como ejemplo, vamos a realizar una aplicación que permita almacenar en una matriz una agenda de teléfonos (véase el *ejemplo 4* del capítulo *Matrices y estructuras*). Cada elemento de la matriz será una estructura con dos miembros: *nombre* y *teléfono*, ambos de tipo **String**. Los nombres de la agenda serán mostrados en un formulario por una lista fija de forma que el usuario pueda seleccionar cualquier nombre de la misma para conocer el teléfono correspondiente, o bien para modificar los datos. La interfaz gráfica que mostrará la aplicación puede ser la siguiente:

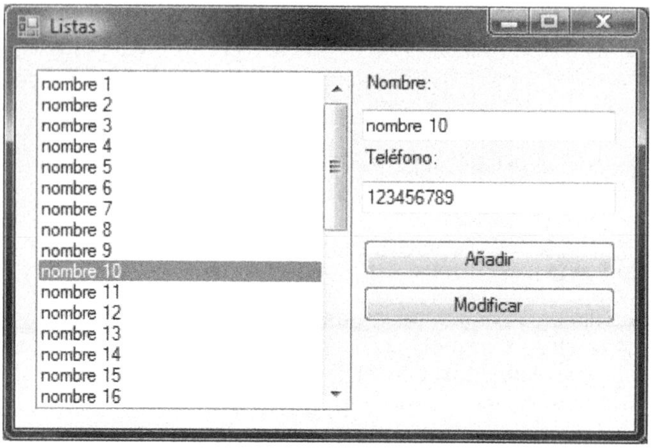

Las cajas de texto permitirán al usuario escribir un nombre y un teléfono que serán añadidos a la matriz *agenda* tras hacer clic en el botón *Añadir*, al mismo tiempo que se añade el nombre a la lista (ésta mostrará automáticamente una barra de desplazamiento vertical cuando los elementos visualizados no entren en la superficie de visualización). Cuando el usuario haga clic sobre un elemento de la lista, los datos *nombre* y *teléfono* correspondientes serán mostrados en las cajas de texto aludidas anteriormente, simplemente para visualizarlos, o bien para modificarlos y reescribirlos en la matriz tras pulsar el botón *Modificar*.

Empiece por crear un nuevo proyecto según explicamos anteriormente. Después coloque sobre el formulario los controles que ve en la figura anterior y que se especifican en la tabla siguiente:

Objeto	**Propiedad**	**Valor**
ListBox	Name	lsNombres
Label	Name Text	label1 Nombre:
TextBox	Name	ctNombre
Label	Name Text	label2 Teléfono:
TextBox	Name	ctTfno
Button	Name Text	btAñadir Añadir
Button	Name Text	btModificar Modificar

Para que el formulario no se pueda maximizar asigne a su propiedad **MaximizeBox** el valor **False**. Asígnele también el título "Agenda".

A continuación añada a la clase *MainForm* las definiciones que se exponen a continuación, que definen el tipo de los elementos de la matriz, el número de elementos de la misma, la matriz *agenda* y el índice para acceder a los elementos de dicha matriz.

```
namespace Listas
{
  public partial class MainForm : Form
  {
    private struct tpersona
    {
      public string nombre;
      public string teléfono;
    }

    private static int nElementos = 100;
    private tpersona[] agenda = new tpersona[nElementos];
    private int i = 0;

    public MainForm()
    {
      InitializeComponent();
    }

  // ...
}
```

Una vez construida la interfaz gráfica y definida la matriz *agenda*, tenemos que escribir el código que responda a cada una de las acciones que el usuario pueda realizar sobre dicha interfaz. Según lo enunciado, ¿qué haría un usuario después de arrancar la aplicación? Añadiría a la agenda los nombres y los teléfonos correspondientes, escribiendo cada pareja de esos datos en las cajas de texto destinadas a tal fin, pulsando a continuación el botón *Añadir*. Por lo tanto, añada el método que responda al evento **Click** de este botón y complételo como se indica a continuación:

```
void BtAñadirClick(object sender, EventArgs e)
{
```

```
  if (i == nElementos) return;
  if (ctNombre.Text.Length == 0 ||
      ctTfno.Text.Length == 0)
  {
    MessageBox.Show("Datos no correctos");
    return;
  }
  // Añadir el nombre y el teléfono a la matriz
  agenda[i].nombre = ctNombre.Text;
  agenda[i].teléfono = ctTfno.Text;
  // Añadir el nombre a la lista
  lsNombres.Items.Add(ctNombre.Text);
  i++; // índice del siguiente elemento vacío
}
```

Una vez completada la agenda, el usuario podrá seleccionar un nombre de la lista para conocer su teléfono. Ambos datos serán mostrados en las cajas de texto correspondientes. Cuando se selecciona un elemento de la lista se produce el evento **SelectedIndexChanged** (el elemento seleccionado ha cambiado). Pues bien, la respuesta a este evento será mostrar en las cajas de texto los datos correspondientes al elemento seleccionado. Añada, por lo tanto, el método que responda al evento descrito y complételo como se indica a continuación:

```
void LsNombresSelectedIndexChanged(object sender, EventArgs e)
{
  int indSelec = lsNombres.SelectedIndex;
  if (indSelec < 0) return;
  // Mostrar en las cajas de texto los datos
  // correspondientes al elemento seleccionado
  ctNombre.Text = agenda[indSelec].nombre;
  ctTfno.Text = agenda[indSelec].teléfono;
}
```

Finalmente, si el usuario desea modificar un nombre, un teléfono o ambos, seleccionará el nombre en la lista (el nombre y el teléfono correspondiente serán mostrados en las cajas de texto), modificará los datos que desee sobre las cajas de texto y hará clic en el botón *Modificar*. Por lo tanto, añada el método que responda al evento **Click** de este botón y complételo como se indica a continuación:

```
void BtModificarClick(object sender, EventArgs e)
{
```

```
    int indSelec = lsNombres.SelectedIndex;
    if (indSelec < 0) return;
    // Modificar los datos correspondientes
    // al elemento seleccionado
    agenda[indSelec].nombre = ctNombre.Text;
    agenda[indSelec].teléfono = ctTfno.Text;
    // Modificar el nombre en la lista
    lsNombres.Items[indSelec] = ctNombre.Text;
}
```

Observe que los índices de los elementos de la matriz y de la lista coinciden (ambos empiezan en 0).

La aplicación está finalizada. Pruebe ahora su funcionamiento.

Capítulo 10

MENÚS

Un menú es una forma de proveer al usuario de un conjunto de órdenes, lógicamente relacionadas, agrupadas bajo un mismo título. El conjunto de todos los títulos correspondientes a los menús diseñados aparecerán en la barra de menús situada debajo del título del formulario.

Cuando el usuario haga clic en un título de un menú, se desplegará una lista visualizando los elementos que contiene el menú. Los elementos de un menú pueden ser *órdenes*, *submenús* y *separadores*. Cuando se hace clic en una *orden* o se selecciona y se pulsa *Entrar*, se ejecuta una acción o se despliega una caja de diálogo.

Para añadir una barra de menús, básicamente disponemos de las clases **MenuStrip**, **ToolStripMenuItem** y **ToolStripSeparator** que soportan la barra de menús, los menús de la barra y los elementos de los menús, y los separadores, respectivamente. Dicho de otra forma, **MenuStrip** es un contenedor para un menú de un formulario, al que se le pueden añadir objetos **ToolStripMenuItem** (menús de la barra, submenús o los elementos de los menús) y **ToolStripSeparator** (separadores).

10.1 DISEÑO DE UNA BARRA DE MENÚS

Para diseñar un menú, utilizaremos el *editor de menús* que se muestra en la figura siguiente. Comprobará que la edición es muy sencilla y vistosa. Basta con ir rellenando las cajas de texto "Escriba aquí" con los nombres de los menús, submenús, órdenes o separadores que necesitemos.

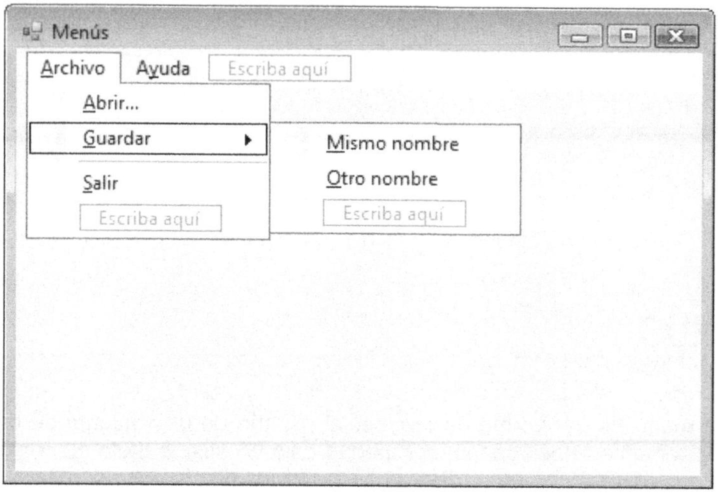

Para crear una barra de menús, los pasos a ejecutar son los siguientes:

1. *Arrastrar desde la caja de herramientas un control* **MenuStrip** *sobre el formulario*. Esta acción abrirá de forma automática el editor de menús que permitirá añadir los menús, objetos de la clase **ToolStripMenuItem**, a la barra de menús.

2. *Introducir el título del menú*. Escriba en la caja de texto "Escriba aquí" el título del menú que se desea crear, el cual aparecerá en la barra de menús. Inserte un *ampersand* (&) antes de la letra que da acceso directo al menú para que aparezca subrayada. De esta forma, el usuario podrá seleccionar este menú, además de con el ratón, pulsando la tecla *Alt* más la tecla correspondiente a la letra que aparece subrayada. Asigne a su propiedad **Name** el nombre que se utilizará en el código para referirse al menú.

3. *Introducir los elementos que componen el menú*. Escriba en la caja de texto "Escriba aquí", debajo del menú, el título del elemento del menú y

asigne a su propiedad **Name** el nombre utilizado en el código para referirse a dicho elemento. Por ejemplo, observe el elemento *Abrir...* en la figura anterior. Por convenio, un elemento de un menú seguido de tres puntos significa que cuando se haga clic sobre él, se desplegará una caja de diálogo.

4. *Crear un submenú*. Un elemento puede ser una orden, o bien un submenú si a su vez despliega una lista de elementos. En ambos casos se trata de un objeto de la clase **ToolStripMenuItem**. Por ejemplo, observe el elemento *Guardar* en la figura anterior.

5. *Añadir un separador*. Utilizando separadores, objetos de la clase **ToolStripSeparator**, puede agrupar las órdenes en función de su actividad. Para insertar un separador, escriba un único guión (-) en la caja de texto "Escriba aquí". Tiene que especificar también un nombre cualquiera (**Name**). Por ejemplo, en la figura anterior puede ver un separador antes de la orden *Salir*.

6. *Cerrar el editor de menús*. Una vez que haya finalizado el diseño, haga clic en cualquier lugar fuera de los menús para cerrar el editor.

10.2 EJEMPLO 1

Como ejemplo, vamos a realizar una aplicación que permita almacenar en un fichero la agenda de teléfonos almacenada durante la ejecución en una matriz *agenda* (véase el ejemplo realizado en el apartado *Listas* del capítulo *Controles más comunes*). Cada elemento de la matriz será una estructura con dos miembros: *nombre* y *teléfono*, ambos de tipo **String**. Los nombres de la agenda serán mostrados en un formulario por una lista fija de forma que el usuario pueda seleccionar cualquier nombre de la misma para conocer el teléfono correspondiente, o bien para modificar los datos. La interfaz gráfica que mostrará la aplicación puede ser la siguiente:

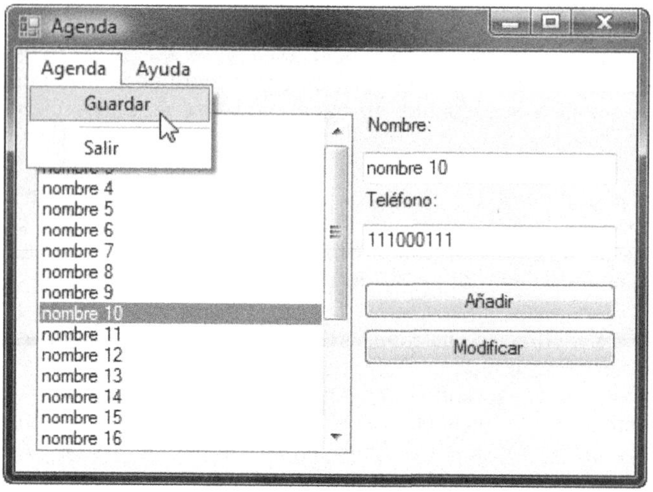

Las cajas de texto permitirán al usuario escribir un nombre y un teléfono que serán añadidos a la matriz *agenda* tras hacer clic en el botón *Añadir*, al mismo tiempo que se añade el nombre a la lista. Cuando el usuario haga clic sobre un elemento de la lista, los datos *nombre* y *teléfono* correspondientes serán mostrados en las cajas de texto destinadas a tal fin, simplemente para visualizarlos, o bien para modificarlos y reescribirlos en la matriz tras pulsar el botón *Modificar*. La barra de menús presentará dos menús: *Agenda* y *Ayuda*. El menú *Agenda* incluirá dos órdenes: *Guardar* y *Salir*. *Guardar* hará que se escriba el contenido de la matriz *agenda* en un fichero en el disco (*agenda.dat*) y *Salir* cerrará el formulario finalizando así la aplicación. El menú *Ayuda* tiene una orden *Acerca de* que muestra los créditos de la aplicación.

Empiece por crear un nuevo proyecto según explicamos anteriormente. Después coloque sobre el formulario los controles que ve en la figura anterior y que se especifican en la tabla siguiente. Para diseñar los menús, arrastre un control **MenuStrip** y proceda después como se ha explicado anteriormente; esto es, no tiene que arrastrar los controles que componen los menús y sus órdenes, ni tampoco el separador, esto se hace automáticamente desde el editor de menús.

Objeto	Propiedad	Valor
MenuStrip	Name Text	barraDeMenus Barra de menús
ToolStripMenuItem	Name Text	menuAgenda &Agenda
ToolStripMenuItem	Name Text	ordenGuardar &Guardar
ToolStripSeparator	Name	separador1
ToolStripMenuItem	Name Text	ordenSalir &Salir
ToolStripMenuItem	Name Text	menuAyuda A&yuda
ToolStripMenuItem	Name Text	ordenAcercaDe &Acerca de...
ListBox	Name	lsNombres
Label	Name Text	label1 Nombre:
TextBox	Name	ctNombre
Label	Name Text	label2 Teléfono:
TextBox	Name	ctTfno
Button	Name Text	btAñadir Añadir
Button	Name Text	btModificar Modificar

Para que el formulario no se pueda maximizar asigne a su propiedad **MaximizeBox** el valor **False**.

A continuación añada a la clase *MainForm* las definiciones que se exponen a continuación, que definen el tipo de los elementos de la matriz, el número de elementos de la misma, la matriz *agenda* y el índice para acceder a los elementos de dicha matriz.

```
namespace Agenda
{
  public partial class MainForm : Form
  {
    private struct tpersona
    {
      public string nombre;
```

```
        public string teléfono;
      }

      private static int nElementos = 100;
      private tpersona[] agenda = new tpersona[nElementos];
      private int i = 0;

      public MainForm()
      {
        InitializeComponent();
      }

    // ...
}
```

Una vez construida la interfaz gráfica y definida la matriz *agenda*, tenemos que escribir el código que responda a cada una de las acciones que el usuario pueda realizar sobre dicha interfaz. Según lo enunciado, ¿qué haría un usuario después de arrancar la aplicación? Añadiría a la agenda los nombres y los teléfonos correspondientes, escribiendo cada pareja de esos datos en las cajas de texto destinadas a tal fin, pulsando a continuación el botón *Añadir*. Por lo tanto, añada el método que responda al evento **Click** de este botón y complételo como se indica a continuación:

```
void BtAñadirClick(object sender, EventArgs e)
{
  if (i == nElementos) return;
  if (ctNombre.Text.Length == 0 ||
      ctTfno.Text.Length == 0)
  {
    MessageBox.Show("Datos no correctos");
    return;
  }
  // Añadir el nombre y el teléfono a la matriz
  agenda[i].nombre = ctNombre.Text;
  agenda[i].teléfono = ctTfno.Text;
  // Añadir el nombre a la lista
  lsNombres.Items.Add(ctNombre.Text);
  i++; // índice del siguiente elemento vacío
}
```

Una vez completada la agenda, el usuario podrá guardarla en un fichero haciendo clic en la orden *Guardar* del menú *Archivo*. Cuando se selecciona un elemento de un menú se produce el evento **Click** (igual que sucede con los botones). Pues bien, la respuesta a este evento será guardar los elementos de la matriz *agenda* en el fichero *agenda.dat*. Añada, por lo tanto, el método que responda al evento descrito (doble clic sobre la orden *Guardar*) y complételo como se indica a continuación:

```
void OrdenGuardarClick(object sender, EventArgs e)
{
  BinaryWriter bw = null; // flujo para escribir
  try
  {
    // Crear un flujo de la clase BinaryWriter para
    // escribir en un fichero.
    // Si el fichero existe se destruye.
    bw = new BinaryWriter(new FileStream("agenda.dat",
              FileMode.Create, FileAccess.Write));
    i = 0; // índice de para la matriz agenda
    while (agenda[i].nombre != null)
    {
      // Almacenar un nombre y un teléfono
      // (un registro) en el fichero
      bw.Write(agenda[i].nombre);
      bw.Write(agenda[i].teléfono);
      i++;
    }
  }
  finally
  {
    // Cerrar el flujo
    if (! (bw == null)) bw.Close();
  }
}
```

El código de este método fue explicado en el apartado *Escribir y leer datos de cualquier tipo* del capítulo *Flujos*.

La orden *Salir* del menú *Archivo* simplemente cerrará la aplicación, lo que supone cerrar el formulario. Añada, entonces, el método que responda al evento **Click** de esta orden y edítelo como se indica a continuación:

```
void OrdenSalirClick(object sender, EventArgs e)
{
    Close();
}
```

La orden *Guardar* del menú *Archivo* salvó la agenda de teléfonos en el fichero *agenda.dat*. Esto permitirá a la aplicación recuperar los datos de ese fichero la próxima vez que se ejecute. ¿Cómo? Pues sabiendo que cuando se ejecuta la aplicación y se carga el formulario se produce el evento **Load** del mismo. Por lo tanto, el método que responda a este evento será el lugar idóneo para que la matriz *agenda* recupere los datos desde el fichero *agenda.dat*. Según lo expuesto, añada el método que responda a este evento (doble clic sobre el formulario) y complételo como se indica a continuación:

```
void MainFormLoad(object sender, EventArgs e)
{
  BinaryReader br = null;

  try
  {
    // Abrir un flujo de la clase BinaryReader para
    // leer del fichero.
    br = new BinaryReader(new FileStream("agenda.dat",
              FileMode.Open, FileAccess.Read));
    i = 0; // índice para la matriz agenda
    do
    {
      // Leer un nombre y un teléfono (un registro)
      // desde el fichero. Cuando se alcance el final
      // del fichero el método utilizado para leer
      // lanzará una excepción que será atrapada
      // por el bloque catch escrito a continuación.
      agenda[i].nombre = br.ReadString();
      agenda[i].teléfono = br.ReadString();
      // Añadir el nombre a la lista
      lsNombres.Items.Add(agenda[i].nombre);
      i++;
    }
    while (true);
  }
  catch (Exception ex)
  {
```

```
      Console.WriteLine("Proceso de carga de la agenda.");
    }
    finally
    {
      // Cerrar el flujo
      if (! (br == null)) br.Close();
    }
}
```

El código de este método también fue explicado en el apartado *Escribir y leer datos de cualquier tipo* del capítulo *Flujos*.

Así mismo, el usuario podrá seleccionar un nombre de la lista para conocer su teléfono. Los datos del elemento seleccionado serán mostrados en las cajas de texto correspondientes. Sabemos que cuando se selecciona un elemento de la lista se produce el evento **SelectedIndexChanged**. Según esto, añada el método que responda al evento descrito y complételo como se indica a continuación:

```
void LsNombresSelectedIndexChanged(object sender, EventArgs e)
{
  int indSelec = lsNombres.SelectedIndex;
  if (indSelec < 0) return;
  // Mostrar en las cajas de texto los datos
  // correspondientes al elemento seleccionado
  ctNombre.Text = agenda[indSelec].nombre;
  ctTfno.Text = agenda[indSelec].teléfono;
}
```

También, si el usuario desea modificar un nombre, un teléfono o ambos, seleccionará el nombre en la lista (el nombre y el teléfono correspondiente serán mostrados en las cajas de texto), modificará los datos que desee sobre las cajas de texto y hará clic en el botón *Modificar*. Por lo tanto, añada el método que responda al evento **Click** de este botón y complételo como se indica a continuación:

```
void BtModificarClick(object sender, EventArgs e)
{
  int indSelec = lsNombres.SelectedIndex;
  if (indSelec < 0) return;
  // Modificar los datos correspondientes
  // al elemento seleccionado
```

```
  agenda[indSelec].nombre = ctNombre.Text;
  agenda[indSelec].teléfono = ctTfno.Text;
  // Modificar el nombre en la lista
  lsNombres.Items[indSelec] = ctNombre.Text;
}
```

Observe que los índices de los elementos de la matriz y de la lista coinciden (ambos empiezan en 0).

Finalmente, es una buena idea preguntar al usuario, en el instante en el que cierre la aplicación, si quiere guardar la agenda actual. Para ello, debemos saber que cuando se cierra un formulario de produce el evento **FormClosing** del mismo. Utilizaremos entonces el método que responda a este evento para notificarle lo descrito. Según esto, añada el método que responda a este evento y complételo como se indica a continuación:

```
void MainFormFormClosing(object sender, FormClosingEventArgs e)
{
  DialogResult respuesta = 0;

  respuesta = MessageBox.Show(
    "¿Quiere guardar la agenda?",
    "Seleccione una opción",
    MessageBoxButtons.YesNo,
    MessageBoxIcon.Question);
  if (respuesta == DialogResult.Yes)
  {
    ordenGuardar.PerformClick();
    MessageBox.Show("La agenda actual se guardó");
  }
}
```

El método anterior solicita una respuesta *Sí* o *No* (valor *Yes* o *No* de la enumeración **DialogResult**) para guardar o no la agenda en el fichero. Para ello, el método **Show** de **MessageBox** muestra el diálogo siguiente:

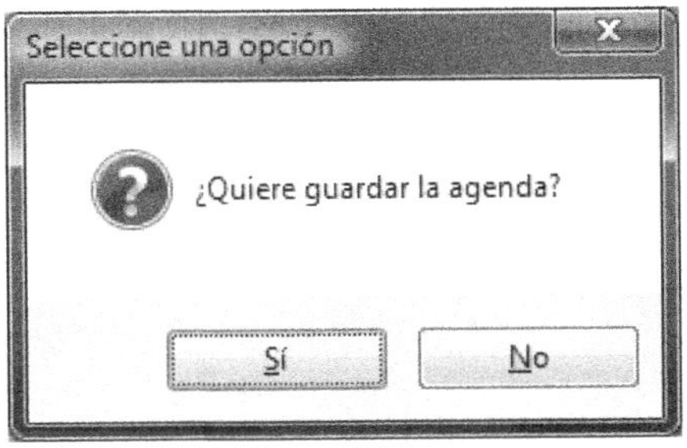

Si la respuesta es *Sí* (en este caso el método **Show** devuelve el valor *Yes*) se ejecuta la sentencia:

```
ordenGuardar.PerformClick();
```

Esta sentencia invoca al método **PerformClick** de la orden *ordenGuardar* para provocar el evento **Click** de la misma (es como si el usuario hubiera hecho clic sobre la orden *Guardar*), lo que hace que se ejecute el método *OrdenGuardarClick* en respuesta a dicho evento, guardando la agenda en el fichero en disco.

Para terminar la aplicación, edite el método que responda al evento **Click** de la orden *Acerca de* del menú *Ayuda* para que muestre una ventana como la que muestra la figura siguiente. Este método será así:

```
void OrdenAcercaDeClick(object sender, EventArgs e)
{
  MessageBox.Show("Aplicación Agenda. Versión 1.0",
                  "Acerca de Agenda",
                  MessageBoxButtons.OK,
                  MessageBoxIcon.Information);
}
```

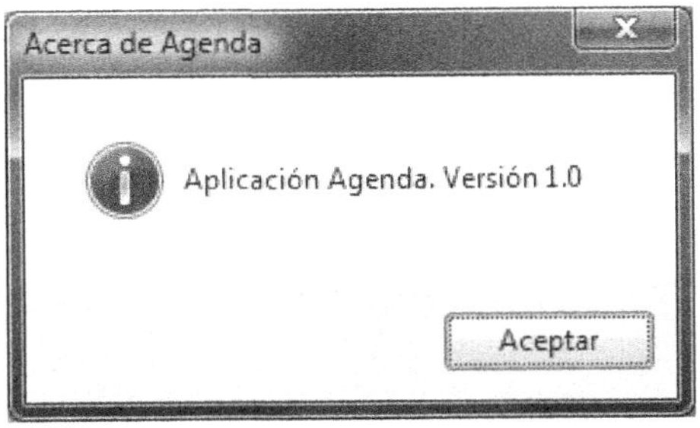

La aplicación está finalizada. Pruebe ahora su funcionamiento.

ÍNDICE ALFABÉTICO

D

E

F

H

I

R

S

T

U

V

W

Made in the USA
Columbia, SC
19 July 2021

42063071R00098